GENEALOGIA DA MORAL

Friedrich Nietzsche

GENEALOGIA DA MORAL

Tradução e notas
Inês A. Lohbauer

MARTIN CLARET

Direção	Martin Claret
Produção editorial	Carolina Marani Lima Mayara Zucheli
Diagramação	Giovana Gatti Quadrotti
Direção de arte e capa	José Duarte T. de Castro
Ilustração da capa	Login / Shutterstock
Revisão	Waldir Morais Marcelo Maia Torres
Impressão e acabamento	Lis Gráfica

Este livro segue o novo Acordo Ortográfico da Língua Portuguesa.

Dados Internacionais de Catalogação na Publicação (CIP)
(Câmara Brasileira do Livro, SP, Brasil)

Nietzsche, Friedrich Wilhelm, 1844-1900.
Genealogia da moral / Friedrich Wilhelm Nietzsche; tradução e notas Inês A. Lohbauer. — São Paulo: Martin Claret, 2017. —

Título original: *Zur Genealogie der Moral.*

ISBN 978-85-440-0163-9

1. Ética 2. Filosofia alemã I. Lohbauer, Inês A. II. Título.

17-08598 CDD-170

Índices para catálogo sistemático:

1. Filosofia moral 170

EDITORA MARTIN CLARET LTDA.
Rua Alegrete, 62 — Bairro Sumaré — CEP: 01254-010 — São Paulo — SP
Tel.: (11) 3672-8144 — www.martinclaret.com.br
2ª reimpressão - 2024

Sumário

Prefácio

Um livro inquietante para leitores destemidos

JOÃO PAULO S. VILAS BÔAS*

Concebida como um complemento à obra *Além de bem e mal*, a *Genealogia da Moral* é um livro simultaneamente singular e polêmico que veio a público em 1887, penúltimo ano de vida lúcida de Nietzsche. Nessa época, o filósofo ainda planejava publicar um trabalho de grande envergadura — *A vontade de poder* —, onde trataria dos principais temas de sua filosofia madura, tais como a história do niilismo europeu, o eterno retorno, a transvaloração de todos os valores, etc., sendo que é nas páginas da *Genealogia* que se pode encontrar a única referência publicada por Nietzsche a essa "obra magna",[1] que na prática, nunca chegou a ser escrita. Ao final de 1888, alguns meses antes de sofrer o colapso mental que encerrou definitivamente sua carreira filosófica, o pensador desistiu dessa publicação e acabou empregando boa

---

* Doutor em filosofia pela Unicamp e professor do curso de licenciatura em filosofia da Universidade Federal do Tocantins — UFT. Também integra o corpo docente do programa de mestrado profissional em filosofia (PROF-FILO). É autor de *Niilismo e grande política em Nietzsche* (Ed. UFPR, 2016).

[1] *Genealogia da Moral*, 3º ensaio, §27.

parte dos materiais previamente preparados para *A vontade de poder* na construção de *Crepúsculo dos ídolos* e *O anticristo*.

Essa mudança de planos de Nietzsche em relação à publicação d'*A vontade de poder* nos diz muito sobre seu modo de filosofar e, consequentemente, também sobre a *Genealogia da Moral*. De espírito permanentemente inquieto, desconfiado e perscrutador, o autor de *Assim falou Zaratustra* nunca deixou de reler e reexaminar cuidadosamente suas obras. Alterava os manuscritos várias vezes antes da primeira publicação e ainda solicitava a seus editores a inserção de complementações e modificações nos textos a cada nova edição. Exemplos dessa postura podem ser apontados não apenas nos prefácios que, em 1886, o filósofo acrescentou a todas as suas obras anteriores, como também na reformulação d'*A gaia ciência*, cuja segunda edição, publicada em 1887, sofreu o acréscimo de um quinto livro e de um apêndice, o que alterou de maneira bastante significativa a estrutura dessa obra, originalmente publicada em 1882.

Todo esse cuidado em revisar, complementar e reinterpretar suas próprias publicações tinha por objetivo fazer com que seus escritos pudessem preservar o caráter de um exercício reflexivo aberto e não fixado, de forma a evitar toda espécie de cristalização dogmática de sua filosofia num conjunto de doutrinas e/ou conceitos fechados em si mesmos. Além disso, é preciso não perder de vista que essa cautela sempre foi acompanhada de perto por outra preocupação de natureza semelhante, a qual, sem nenhuma sombra de dúvida, é um elemento a ser considerado por qualquer leitor que deseje realizar uma "boa" leitura de seus textos — isto é, uma apreciação da obra de Nietzsche tal como esse filósofo manifestamente desejou que ela fosse lida. Ocorre que um dos principais objetivos do pensador ao longo de praticamente toda sua carreira intelectual sempre foi estimular seus leitores não apenas a compreenderem seus escritos e suas ideias, mas também a pensarem por si sós.

Por essa razão é que ele sempre se preocupou em estruturar seus textos de modo a preservar um espaço de liberdade semântica e filosófica, para que seus leitores se esforçassem por trabalhar com as ideias ali redigidas, seja apropriando-se delas, seja movendo-se no interior delas, seja concedendo-lhes sentido a partir de seus próprios interesses e vivências pessoais. Como consequência disso, uma apreciação intelectualmente produtiva das obras de Nietzsche, o que naturalmente também inclui a *Genealogia da Moral*, exige como pré-requisito essa tomada de consciência e o consequente abandono, por parte do(a) leitor(a), da pretensão de se encontrar em seus escritos um conjunto de respostas prontas e acabadas.

Desde a publicação dos dois volumes de *Humano, demasiado humano*, continuando com *Aurora*, com a já mencionada *Gaia ciência* e também em *Além de bem e mal*, Nietzsche sempre escreveu de forma bastante livre e descompromissada, distanciando-se do estilo dissertativo-argumentativo característico dos textos acadêmicos e científicos de sua época.

Por meio de uma sucessão alternada de aforismos com extensão e abrangência variadas que tratam, cada um, de uma temática diferente, o filósofo oferece a seus leitores uma verdadeira miscelânea de conceitos, provocações, experimentos reflexivos, intuições históricas, perguntas inquietantes e ideias em vários graus de desenvolvimento, os quais, por não estarem encadeados numa sequência de argumentos ordenados segundo os moldes de uma estrutura determinada, com início, meio e fim, parecem lançar o leitor desavisado num verdadeiro beco sem saída textual, onde qualquer avanço exige não apenas uma deliberada atividade interpretativa da parte do leitor, mas também o abandono da pretensão de se alcançar uma conclusão definitiva e absoluta.

Longe de se constituir num indício de falta de profundidade filosófica ou de incapacidade em organizar as próprias ideias, a opção por este tipo de sequência aparentemente desordenada de aforismos é proposital, e se vincula à já mencionada preocupação do pensador em estimular o desenvolvimento da autonomia intelectual e interpretativa de seus leitores. Por meio de um estilo de escrita que deliberadamente evita definições fixas e unívocas, Nietzsche tencionava lançar por terra toda pretensão de cristalização de sua filosofia em um sistema de verdades sólidas e "mumificadas".

Trata-se aqui de não perder de vista que o filosofar em Nietzsche sempre se deu, conforme ele próprio enfatizou, por meio de experimentos.[2] Isso significa que as mesmas observações desenvolvidas por ele no parágrafo 12 do segundo ensaio desta *Genealogia*, o qual trata das transformações sofridas pelas instituições, doutrinas, religiões, etc. ao longo da história, aplicam-se integralmente ao seu próprio modo de fazer, vivenciar e entender a filosofia.

Com isso, torna-se então possível entender que a opção deste filósofo por conduzir seu pensamento e sua escrita por meio de saltos e mudanças abruptas, continuamente reinterpretando, reavaliando, ressignificando e complementando suas próprias ideias, foi a forma encontrada por ele para não permitir que elas se cristalizassem em um sistema fechado de "verdades" ou "doutrinas" fixas e permanecessem fluidas, constituindo assim uma filosofia própria para espíritos verdadeiramente livres.

Como uma característica adicional, vale observar que este estilo bastante peculiar de escrita filosófica também contribuiu para um outro objetivo da mesma forma almejado pelo pensador, a saber: o de selecionar seu público de leitores. Ao mesmo tempo que buscava afastar de si aqueles indivíduos ávidos de sistemas organizados, que têm necessidade de encontrar certezas definitivas ou respostas prontas em tudo, o filósofo também tencionava atrair para si espíritos ativos e criativos que fossem tão livres quanto ele próprio.

---

[2] A esse respeito, ver por exemplo o §9 e o §24 do 3º ensaio da *Genealogia*.

Ao longo de sua obra, não são poucas as passagens onde Nietzsche deixa registrado o desejo de que seus textos viessem a ser apreciados por leitores que não estivessem interessados simplesmente em absorver, memorizar e repetir sistemas de conceitos e de verdades, mas que desejassem também um significativo espaço livre para o questionamento e a desconstrução de velhos preconceitos, abrindo caminho com isso para o exercício artístico, crítico e reflexivo de criação de novas ideias e de novos valores.

Diante do que foi exposto, o subtítulo enigmático de *Assim falou Zaratustra* — "um livro para todos e para ninguém", o qual pode muito bem ser aplicado a toda a sua obra filosófica — torna-se então compreensível: se, por um lado, é certo que qualquer indivíduo alfabetizado é de fato capaz de ler os livros de Nietzsche, por outro lado, a plenitude da vivência autocriativa, transvalorativa e autorreflexiva que este pensador almejava oferecer a seus leitores, por meio de seus escritos filosóficos, permanece um objetivo passível de ser alcançado apenas por alguns poucos leitores destemidos... ou talvez por ninguém.

Apesar de estar estruturada em três grandes blocos que guardam, em si e entre si, uma sequência e uma continuidade temática, ainda assim a *Genealogia* não apenas preserva, como também desenvolve de forma ainda mais ampla este caráter fluido do filosofar nietzscheano. Ao longo do prefácio e dos três longos ensaios que integram esta obra polêmica, o pensador procurou desenvolver de maneira mais abrangente e aprofundada uma série de temas que já haviam sido abordados em obras anteriores, em especial *Aurora*, *A gaia ciência* e *Além de bem e mal*.

No primeiro ensaio, o objetivo central foi desenvolver de forma provocativa uma reflexão desestabilizadora dos velhos preconceitos sobre a origem dos conceitos de bem e mal, os quais, no entender do filósofo, estiveram na base de todas as reflexões filosóficas sobre a moral realizadas até então. Principiando por tecer uma crítica mordaz às hipóteses dos genealogistas da moral ingleses, os quais remetiam a origem dos juízos de valor "bom" e "mau" a um desenvolvimento histórico centrado em torno do critério de utilidade geral, Nietzsche postula então uma dupla origem e um duplo significado para esses conceitos, cada um correspondendo às aspirações, desejos e características fisiopsicológicas distintas de um determinado tipo de seres humanos.

Em seguida, numa retomada histórica, o filósofo analisa os desdobramentos do conflito entre essas duas morais, mostrando de que forma se deu a primeira transvaloração de todos os valores, quando a perspectiva valorativa escrava-sacerdotal foi infiltrando-se de forma lenta e sorrateira no interior do *ethos* nobre e guerreiro até conseguir subvertê-lo completamente. A conquista da supremacia por parte de uma única perspectiva de valor — a moral dos escravos, cujos juízos se originaram a partir do solo envenenado do ressentimento — é denominada por Nietzsche de "rebelião dos escravos na moral"[3] e está diretamente associada ao início do predomínio do paradigma moral cristão como principal sustentáculo do desenvolvimento das civilizações ocidentais, em seus aspectos histórico, filosófico, científico, político, social e cultural.

Por fim, ao avaliar as consequências deletérias do predomínio da moral do ressentimento ao longo de mais de dois milênios, o pensador conclui que esse conjunto de valores foi responsável pela efetivação de um longo e elaborado processo de mediocrização generalizada da humanidade. Não obstante, Nietzsche não deixa de considerar a possibilidade do surgimento esporádico de indivíduos saudáveis e elevados por meio da manutenção do conflito entre perspectivas valorativas opostas num âmbito espiritual, finalizando o primeiro de seus ensaios "polêmicos" com o anúncio de sua expectativa quanto a um desejável renascimento desse conflito.

No segundo ensaio, Nietzsche desloca suas atenções para uma investigação sobre a natureza daquilo que tradicionalmente se entende como a consciência moral do ser humano. Seu objetivo aqui é desestruturar a ideia preconcebida de que os sentimentos de "culpa" e de "consciência pesada" seriam causados ou por algum agente sobrenatural — pela "voz de Deus" reverberando na alma — ou então por alguma espécie de força, instinto ou qualidade moral inerente à

---

[3] *Genealogia da Moral*, 1º ensaio, §10.

natureza humana. Para isso, o filósofo argumenta que aquilo que comumente se entende como "sentimento de culpa" tem suas origens num demorado processo de natureza educativa, doutrinatória, domesticadora e punitiva, que teve como finalidade primordial facultar o surgimento da memória no ser humano, produzindo, com isso, "um animal capaz de prometer".[4]

A maior parte do segundo ensaio é ocupada pelo desenvolvimento de uma série de hipóteses polêmicas e deliberadamente provocativas, que abordam tanto a história da formação das estruturas culturais, econômicas, jurídicas e religiosas das sociedades primitivas, como também as transformações posteriores, que resultaram na formação das modernas instituições que estão na base das civilizações ocidentais. As ideias registradas neste segundo ensaio acerca do surgimento do Estado e da influência deste no desenvolvimento da consciência humana foram, sem nenhuma dúvida, uma significativa fonte de influência para algumas obras fundamentais da psicanálise, escritas pelo médico austríaco Sigmund Freud, tais como *O futuro de uma ilusão* e *O mal-estar na civilização*.

Além da importância do já mencionado parágrafo 12, onde o filósofo oferece uma descrição geral de sua perspectiva de mundo em relação à atuação das vontades de poder como forças interpretativas que continuamente criam e destroem sentidos, valores e verdades ao longo da história da humanidade,

---

[4] *Genealogia da Moral*, 2º ensaio, §1.

merecem destaque também suas reflexões sobre a origem e a autoanulação da justiça, registradas entre os parágrafos 7 e 10, as quais se constituem em instrumentos teóricos de grande valia para a compreensão e avaliação da dinâmica interna de fenômenos políticos e jurídicos de grande complexidade, tais como os regimes totalitários e a descriminalização das drogas, para ficar apenas com dois grandes exemplos da nossa história recente.

Completando sua polêmica tentativa de desestabilizar velhos preconceitos, o filósofo desenvolve, no terceiro ensaio, uma reflexão sobre o significado dos ideais ascéticos. Com esta expressão "ideais ascéticos", Nietzsche denomina as diferentes variações do mesmo paradigma moral, religioso, científico e filosófico que compreende a realidade como dividida em dois mundos: um mundo físico, material, marcado pelo erro, pela injustiça e pela transitoriedade, e um outro mundo, "o além" metafísico, imaterial, perfeito, sobrenatural, onde a verdade, o bem e a justiça existiriam em suas formas imutáveis.

É importante observar que, ao colocar a pergunta: "Qual é o significado dos ideais ascéticos?" como mote orientador de todo o terceiro ensaio, Nietzsche não almeja simplesmente apresentar uma definição desta visão de mundo. Muito além disso, o filósofo também se propõe a analisar com cuidado o papel histórico fundamental desempenhado por este paradigma ao longo do desenvolvimento das principais estruturas políticas, artísticas, filosóficas, religiosas, jurídicas, científicas, sociais e culturais das civilizações ocidentais, explorando o processo pelo qual os ideais ascéticos surgem e vão gradualmente ganhando preeminência, até o ponto em que a busca por uma suposta condição ideal que se situa além da vida torna-se mais importante do que a própria vida.

No entender do filósofo, quando a existência humana passa a ser considerada como apenas um meio para a conquista de um bem maior, como algo que precisa ser sacrificado em favor de alguma finalidade que se situa no "nada", isto é, num além metafísico, então é certo concluir que a humanidade atingiu seu grau mais extremo de mediocridade e de autodesprezo. Tal é a magnitude da importância conquistada pelos ideais ascéticos em todo o mundo, que Nietzsche chega a referir-se ironicamente ao planeta Terra como "a verdadeira *estrela ascética*".[5]

Apesar disso, no entanto, a conclusão do último ensaio está longe de ser um lamento pessimista, pois Nietzsche entrevê a possibilidade da superação da força constringente dos ideais ascéticos a partir do próprio solo pantanoso de onde eles se nutrem e ganham força, num processo de autoanulação que romperia os grilhões que até então aprisionaram a humanidade no desejo obsessivo pelo "nada". No seu entender, um tal evento extraordinário teria o potencial de finalmente abrir as portas para o surgimento de novos valores, novas metas e novos indivíduos de exceção.

---

[5] *Genealogia da Moral*, 3º ensaio, §11.

Considerando-se, como foi visto, que a importância da *Genealogia da Moral* ultrapassa em larga escala o âmbito dos interesses acadêmicos de professores e pesquisadores da obra nietzscheana, a presente tradução se apresenta como uma excelente opção de leitura, pois atende tanto aos interesses dos leitores ainda não familiarizados com as ideias de Nietzsche como também daqueles que já tiveram contato com os escritos desse filósofo e desejam aprofundar ainda mais seus conhecimentos. A tradutora optou por evitar, na medida do possível, um vocabulário estritamente acadêmico, simplificando expressões um tanto complexas e oferecendo, com isso, um texto mais compreensível para o grande público, sem que, no entanto, o essencial das reflexões nietzscheanas chegasse a ser comprometido.

Outro ponto de destaque desta tradução é a presença muito bem-vinda de uma significativa quantidade de notas de rodapé contendo referências complementares, informações biográficas e esclarecimentos sobre expressões em língua estrangeira, que facilitam a compreensão de algumas passagens mais complexas e enriquecem a leitura, pois permitem que o(a) leitor(a) amplie seu leque de referências bibliográficas.

A Editora Martin Claret acertou em cheio ao disponibilizar este clássico numa tradução cuidadosa e bem acabada. E quem mais ganha com isso são os próprios leitores. Em tempos sombrios como os nossos, em que o fanatismo religioso é, de longe, um dos principais motores da violência e da barbárie em todos os cantos do planeta, a leitura de uma obra provocativa como a *Genealogia da Moral*, que tem o potencial de desenvolver o senso crítico dos leitores em relação aos dogmas morais e religiosos, estimulando-os a questionar velhos preconceitos, torna-se cada vez mais essencial.

Genealogia da Moral*

Uma polêmica

* A genealogia, do latim *genus* ("família", "nascimento", "tipo") e do grego *logos* ("palavra escrita ou falada", "verbo", "linguagem", ou posteriormente, em seu significado mais amplo, "razão" ou "pensamento", "essência", "estudo" ou "ciência") é uma ciência auxiliar da história que estuda a origem, evolução e ramificação das famílias ao longo do tempo. O esquema representativo da genealogia é a árvore genealógica.

Prólogo

1

Somos desconhecidos para nós, conhecedores, o que tem seus bons motivos. Nunca nos procuramos — como poderíamos então *nos encontrar*, um dia? Com toda razão costumava-se dizer: "Ali onde está seu tesouro, também está seu coração";[1] *nosso* tesouro está ali onde se encontram as colmeias de nosso conhecimento. Estamos sempre a caminho, como seres alados e coletores de mel do espírito; na verdade, no fundo do coração só nos preocupamos com uma única coisa — "trazer algo para casa". Em relação ao resto da vida, as assim chamadas "vivências" — quem de nós ainda é sério o bastante para isso? Ou ainda tem tempo suficiente? Penso que nunca nos envolvemos de fato com essas coisas, nosso coração nunca esteve ali — nem mesmo nosso ouvido! Só o fizemos como aquela pessoa muito distraída e mergulhada em si mesma, em cujos ouvidos soaram com toda a violência

---

[1] Mateus 6:21.

as doze badaladas do sino, ao meio-dia,[2] para despertá-la abruptamente, quando então ela se pergunta: "Que badaladas foram essas?". Enquanto isso nós também esfregamos os ouvidos, *logo depois*, e perguntamos surpresos e perplexos: "O que foi que vivenciamos?", mais ainda: "Quem *somos*, afinal?" e depois contamos, por assim dizer, todas as trêmulas doze badaladas do sino das nossas vivências, da nossa vida, do nosso *ser* — oh! E, então, nós nos atrapalhamos com os números... Pois permanecemos necessariamente estranhos a nós mesmos, não nos compreendemos, sempre nos confundimos. Por toda a eternidade, a nossa frase é: "Cada um se sente o mais distante de si mesmo — não nos conhecemos...".

2

Meus pensamentos sobre a *origem* dos nossos preconceitos morais — pois é deles que trato neste texto polêmico — tiveram sua primeira, minuciosa

---

[2] O simbolismo do meio-dia remete ao ponto extremo do ser humano, pelo qual ele transita em direção a um recomeço, a uma nova fase como ser supra-humano. A última frase de *Assim falou Zaratustra*, de Nietzsche, é: "...para cima, para o alto, ó grande meio-dia!". Na antiga tradição cristã os padres do deserto, os pais da vida monástica cristã, viam na *acédia* (um dos sete pecados capitais, caracterizado por um estado de torpor e desânimo) o "demônio do meio-dia", a hora em que o calor do deserto "amolecia o ânimo dos monges e derretia a firmeza do espírito". É por isso que o povo acreditava que ao meio-dia todos os demônios estavam soltos e em plena atividade.

e provisória expressão naquela coleção de aforismos que possui o título de *Humano, demasiado humano — um livro para espíritos livres,*[3] e cuja redação começou durante um inverno em Sorrento, quando fiz uma parada, como as que um viajante costuma fazer nessa época do ano, e pude olhar em volta para a ampla e perigosa região pela qual meu espírito viajou até aquele momento. Isso aconteceu no inverno de 1876–77; os pensamentos em si são mais antigos. Eram principalmente aqueles pensamentos que retomo agora, nos ensaios a seguir — espero que o longo período transcorrido desde então lhes tenha feito bem, que tenham ficado mais maduros, claros, fortes, completos! No entanto, o *fato* de mantê-los comigo até hoje, de que, enquanto isso, eles tenham-se interligado cada vez mais fortemente, até mesmo crescendo uns para dentro dos outros e se confundindo, fortalece em mim a alegre confiança de que, desde o início, eles não surgiram em mim isoladamente, nem aleatoriamente, nem esporadicamente, mas a partir de uma raiz comum, a partir de uma *vontade fundamental* de conhecimento, que envia suas ordens lá do fundo, com uma fala cada vez mais determinada, exigindo coisas mais determinadas. Pois é só isso que convém a um filósofo. Não temos o direito de agir isoladamente em nada; não podemos errar individualmente, nem encontrar a verdade individualmente. Na verdade,

---

[3] Nesse livro, publicado em 1880, Nietzsche discorre sobre a "História das percepções morais".

com a mesma necessidade com que uma árvore produz seus frutos, nascem de nós nossos pensamentos, nossos valores, nossos "sins", nossos "nãos", e nossos "quandos" e "ses" — todos afins e relativos entre si, e testemunhos de *uma* vontade, *uma* saúde, *uma* Terra, *um* Sol. — Se esses nossos frutos apetecem *a eles*? — O que isso importa às árvores! O que isso importa a nós, filósofos!...

3

Diante de uma preocupação que tenho, e que não gosto de reconhecer — pois ela se refere à *moral*, a tudo que até agora foi celebrado na Terra como moral — uma preocupação que na minha vida surgiu tão cedo, tão espontânea e inevitavelmente, tão em contradição com entorno, idade, exemplo e origem, que eu quase teria o direito de chamá-la de minha *a priori* — de vez em quando minha curiosidade, assim como a minha suspeita, tiveram de se deter na pergunta de qual seria, na verdade, *a origem* do nosso bem e do nosso mal. Na prática, quando eu era um jovem de treze anos de idade, já me perseguia o problema da origem do mal;[4] numa idade em que

---

[4] Em suas anotações autobiográficas (*Memorabilia — Autobiographische Aufzeichnungen*), Nietzsche escreve: "No meu décimo terceiro ano de vida, redigi um pequeno texto sobre a origem do mal. Minha suposição era de que seria a mesma coisa para um deus pensar algo e criar algo. Deus imaginou a si mesmo, quando

"as brincadeiras infantis ocupam metade do nosso coração, e Deus a outra metade",[5] fiz minha primeira brincadeira literária infantil, meu primeiro exercício de redação filosófica — e quanto à minha "solução" do problema, na época, honrei a Deus, como era habitual, e fiz dele o *pai* do mal. Será que justamente isso meu "*a priori*" queria de mim? Esse novo "*a priori*" imoral, no mínimo amoral,[6] e, ó, aquele "imperativo categórico" que partiu dele, tão antikantiano, tão enigmático, ao qual, enquanto isso, eu dei cada vez mais ouvidos, e não só ouvidos?... Felizmente, aprendi a tempo a separar o preconceito teológico do preconceito moral, e não procurei mais a origem do mal *atrás*[7] do mundo. Um pouco de instrução histórica e filológica, somada a um sentido inato de seletividade em relação a questões psicológicas em geral, logo transformou meu problema em outro: sob quais condições o ser humano inventou esses juízos de valor chamados de

---

criou a segunda pessoa da divindade; mas para poder imaginar a si mesmo, precisou primeiro imaginar seu contrário". Portanto, eu achava que o demônio deveria ter a mesma idade do Filho de Deus, e até uma origem mais clara — e a mesma *procedência*. Sobre a pergunta, se seria possível a um deus imaginar seu contrário, eu concluí o seguinte: 'Tudo é possível para ele. Então, se de fato ele o fez, e caso se diga que a existência de um deus é um fato, então isso também foi possível para ele...'.

[5] Essa frase foi dita a Margarida por Mefistófeles, no *Fausto*, de Johann Wolfgang von Goethe.

[6] Imoral é o oposto a moral, enquanto amoral é "sem moral", ou indiferente à moral.

[7] Para Nietzsche, a parte de trás do mundo seria o espaço além da vivência mundana, ou seja, o espaço da metafísica e da teologia.

"bem e mal"? E *qual o valor que possuem em si mesmos?* Será que até agora reprimiram ou fomentaram o desenvolvimento humano? São um sinal de crise, de empobrecimento, de degeneração da vida? Ou, pelo contrário, expressam-se neles a plenitude, a força, a vontade para a vida, e a coragem, a confiança nela, no futuro? Ousei dar algumas respostas que encontrei dentro de mim, diferenciei épocas, povos, categorias de indivíduos, especifiquei meu problema; das respostas surgiram novas perguntas, pesquisas, suposições, probabilidades, até que finalmente consegui definir um terreno só meu, um solo próprio, um mundo inteiro discreto, vicejante e florido, com jardins secretos de cuja existência ninguém poderia suspeitar... Oh, como somos *felizes*, nós, conhecedores, pressupondo que apenas saibamos nos calar pelo tempo que for preciso!...

4

O que me deu o primeiro estímulo para divulgar algo sobre as minhas hipóteses a respeito da origem da moral foi um livrinho claro, límpido e inteligente, também precoce, no qual eu me confrontei nitidamente, pela primeira vez, com uma forma inversa e perversa de apresentar hipóteses genealógicas, na verdade uma forma *inglesa,*[8] e que me atraiu muito — com aquela

[8] Para Nietzsche, "a forma inglesa" estava ligada ao escritor Paul Rée, por causa de sua filosofia moral relacionada à psicologia e ao evolucionismo.

força de atração de tudo o que é contrário, antípoda. O título do livro era: "*Der Ursprung der moralischen Empfindungen*" (*A origem das percepções morais)*; o autor era o Dr. Paul Rée,[9] e o ano da sua publicação, 1877. Ao ler um texto, talvez eu nunca tenha dito a mim mesmo um não a cada frase, a cada conclusão, como no caso desse livrinho, até mesmo sem nenhum aborrecimento, nenhuma impaciência. Nas obras citadas anteriormente, nas quais eu trabalhava na época,

---

[9] Paul Ludwig Karl Heinrich Rée (1849–1901) foi um escritor e filósofo alemão, amigo de Nietzsche por um certo período, em que ambos formaram, com Lou Andreas Salomé, um triângulo amoroso. Rée doutorou-se em filosofia em 1875, e no mesmo ano publicou um livrinho de aforismos chamado *Observações psicológicas* (*Psychologische Beobachtungen*). Entre as teses que defendeu no doutorado havia uma que explicava a consciência por meio de sua história evolutiva, com o título *A consciência não possui origem transcendental* (*Conscientia non habet originem transcendentalem*). No outono de 1877, na cidade de Sorrento, na Itália, onde Nietzsche também passava uma temporada, Rée escreveu *A origem das percepções morais* (*Der Ursprung der moralischen Empfindungen*) talvez o seu livro mais importante. Em *A ilusão da liberdade de vontade* (*Die Illusion der Willensfreiheit*), seguindo a ideia de muitos filósofos, ele rejeita o livre-arbítrio: "O sentimento de justiça surge a partir de dois erros: primeiro, porque as punições aplicadas por autoridades e educadores parecem atos de retaliação; e, segundo, porque as pessoas acreditam no livre-arbítrio". Após o rompimento com Nietzsche ele escreve, numa carta a um amigo, coisas muito duras a seu respeito: "Ele é rico em espírito e pobre em ideias. Todos fazem tudo por vaidade, mas a vaidade dele é patológica, irritantemente doentia... Essa vaidade doentia produziu algo doentio, muitas vezes brilhante e belo, mas essencialmente deformado, patológico, não um filosofar, mas, sim, um delirar!". Posteriormente, Rée tornou-se médico e decidiu cuidar de pessoas carentes em aldeias pobres. Em outubro de 1901 ele caiu de um penhasco, ao subir por uma trilha nas montanhas dos Alpes Suíços, e morreu. Não se sabe se foi acidente ou suicídio.

referi-me eventualmente e não eventualmente às frases daquele livro, não à medida que as refutava — o que eu teria a ganhar com as refutações! —, mas, como convém a um espírito positivo, colocando o mais provável no lugar do mais improvável, e até sob certas circunstâncias, um erro no lugar de outro. Na época pela primeira vez eu trouxe, por assim dizer, à luz do dia, essas hipóteses da origem da moral, às quais dedico estes ensaios, com uma inabilidade que até prefiro esconder de mim mesmo, ainda sem liberdade, sem uma linguagem própria para essas minhas coisas e com muitas reincidências e oscilações. Vamos comparar, em detalhes, o que digo no meu livro *Humano, demasiado humano* sobre a dupla pré-história do bem e do mal (ou seja, a partir da esfera dos nobres e da dos escravos);[10] da mesma forma, sobre o valor e a origem da moral ascética;[11] e também sobre a moralidade dos costumes,[12] aquela espécie bem mais antiga e primitiva de moral, afastada *toto coelo*[13] daquele formato altruísta de juízo moral (no qual o Doutor Rée, assim como todos os genealogistas ingleses da moral, vê o modo de juízo moral *em si*); da mesma forma, no apêndice "O andarilho e sua sombra";[14] e em "Aurora",[15] sobre a

---

[10] Aforismo 45.
[11] Aforismo 136, e outros.
[12] Aforismo 89 e outros.
[13] Do latim, "ampla como o céu", "diametralmente distante".
[14] Aforismos 22, 26 e 33.
[15] Aforismo 112.

origem da justiça como uma compensação entre poderosos mais ou menos iguais (equilíbrio como pressuposto de todos os contratos, portanto, de todo direito); da mesma forma sobre a origem da punição — no apêndice "O andarilho e sua sombra"[16] — em que a finalidade terrorista não é essencial nem primordial (como diz o Doutor Rée, ela é na verdade introduzida primeiro, sob determinadas circunstâncias, e muito mais como um adendo, um acréscimo).

5

Basicamente, na época eu queria pensar em algo bem mais importante do que a minha hipótese própria, ou alheia, sobre a origem da moral (ou, mais precisamente, apenas esta última, por uma única finalidade, para a qual ela é a única dentre muitos meios). Tratava-se para mim do *valor* da moral — e sobre isso eu tive de me debruçar quase unicamente sobre meu grande mestre Schopenhauer,[17] ao qual se dirige aquele livro, com toda sua paixão e a secreta oposição como a

---

[16] Aforismos 16 e 28.

[17] Arthur Schopenhauer (1788–1860), filósofo alemão. O seu ensaio *Sobre o fundamento da moral* (*Über die Grundlage der Moral*) faz parte da tradição dos textos polêmicos, e foi muito importante para o entendimento da filosofia moral de Nietzsche. Schopenhauer defende a compaixão como base da moral, afirmando que o egoísmo sem limites e a maldade que apenas visa à dor alheia são uma extrema crueldade, e que a compaixão se constitui num "estímulo básico moral das ações humanas".

um contemporâneo (pois também era um livro polêmico). Tratava-se do valor do "não egoísmo", dos instintos de compaixão, de autonegação e autossacrifício, que, por tanto tempo, Schopenhauer pintara de dourado, divinizara e glorificara, até que finalmente eles restaram apenas como os "valores em si", em função dos quais *ele disse não* à vida, e também a si mesmo. Mas justamente contra esses instintos surgiu de dentro de mim uma desconfiança cada vez mais sistêmica, um ceticismo cada vez mais profundo! Justamente nisso eu vi o *grande* perigo da humanidade, sua mais sublime atração e tentação — para onde? para o nada? — justamente nisso eu vi o início do fim, a paralisação, o cansaço que olha para trás, a vontade virando-se *contra* a vida, a última enfermidade anunciando-se suave e tristemente; vi a moral da compaixão agarrando tudo à sua volta, cada vez mais, agarrando até mesmo os filósofos e deixando-os doentes, com o mais terrível sintoma da nossa cultura europeia, que se tornou terrível e entrou por um desvio a um novo budismo? A um budismo europeu? Ao *niilismo*[18]?... Essa moderna preferência e supervalorização da compaixão pelos filósofos é algo novo: os filósofos já haviam concordado justamente sobre a *nulidade* da compaixão. Só para mencionar, Platão,[19]

---

[18] Do latim *nihil*, "nada", "vazio", "oco".

[19] Platão (427–347 a.C.), filósofo grego, discípulo de Sócrates e mestre de Aristóteles. Para ele, a compaixão pelos semelhantes enfraquece a alma. *República*, livro X (*Politeia*).

Spinoza,[20] La Rochefoucauld[21] e Kant,[22] quatro espíritos os mais diversos entre si quanto possível, mas unânimes em uma coisa: no menosprezo da compaixão.

6

Esse problema do *valor* da compaixão e da moral da compaixão (— sou um oponente do infame enfraquecimento moderno dos sentimentos —) à primeira vista parece apenas algo isolado, um simples ponto de interrogação; mas aquele que tropeçar nisso, que *aprender* a perguntar, vai sentir-se como eu me senti um dia — abre-se à sua frente uma imensa nova perspectiva, ele se sente dominado por uma possibilidade, como uma vertigem, toda espécie de desconfiança, suspeita e receio surge à sua frente, a crença na moral,

---

[20] Baruch Spinoza (1632–1677), filósofo holandês, explica que a compaixão e todo tipo de melancolia são supérfluos, pois ao defenderem o amor ao próximo não levam em conta a lei divina da organização da natureza, em que esse amor já é dado e praticado pela razão. *A ética comprovada matematicamente* (*Ethica more geometrico demonstrata*).

[21] François de La Rochefoucauld (1613–1680), escritor francês. Apesar de nobre, lutou contra o absolutismo. Em sua obra *Reflexões ou sentenças e máximas morais* (*Réflexions ou sentences et maximes morales*) declarou que o egoísmo é a base de toda ação humana, considerando a compaixão como o pressuposto dos males que acometem o ser humano.

[22] Immanuel Kant (1724–1804) filósofo alemão. Na sua obra *Crítica da razão prática* (*Kritik der praktischen Vernunft*) ele diz que a compaixão, como toda outra inclinação, é um aborrecimento, um incômodo.

em toda moral, oscila — e finalmente surge um novo desafio. Vamos expressá-lo, esse *novo desafio*: precisamos de uma *crítica* dos valores morais, e *antes disso precisamos questionar o próprio valor desses valores* — e para isso é necessário o conhecimento das condições e circunstâncias das quais eles surgiram, sob as quais eles se desenvolveram e se deslocaram (a moral como consequência, como sintoma, como máscara, como tartufaria,[23] como doença, como mal-entendido; mas também como causa, como remédio, como estimulante, como repressão, como veneno), e como esse conhecimento até agora não existia, nem mesmo foi desejado. Consideramos valores natural e real a existência desses; até agora também não se duvidou nem um pouco deles, não se hesitou em atribuir ao "bom" um valor superior ao "mau", um valor superior no sentido da promoção, da utilidade, do desenvolvimento referente *ao* ser humano em geral (o futuro do ser humano incluso). Como? E se o contrário é que fosse verdadeiro? Como? Se no "bom" também houvesse o sintoma de um retrocesso, como um perigo, uma transgressão, um veneno, ou um narcótico pelo qual talvez a vida no presente existisse *em detrimento do futuro*? Uma vida no presente talvez mais confortável, com menos perigos, mas também num estilo mais modesto, inferior?... Como se justamente a moral

[23] Esse termo refere-se a *O Tartufo* (1664), de Molière (1622), comédia cujo protagonista é um homem falso, hipócrita, que se esconde atrás de uma máscara de profunda devoção religiosa.

fosse culpada, se um *poderio e uma pompa supremos* do tipo homem jamais pudessem ser alcançados? Como se justamente a moral fosse o perigo dos perigos?...

7

Desde que essa perspectiva se abriu para mim, foi o bastante para que eu tivesse motivos para buscar, à minha volta, alguns companheiros eruditos, corajosos e diligentes (continuo fazendo isso). Vale a pena viajar pelo imenso, distante e escondido país da moral — aquela moral de fato existente, de fato vivida — com diversas novas perguntas e ao mesmo tempo com novos olhos; e será que isso não quer dizer o mesmo que *descobrir* esse país primeiro?... Quando, entre outras coisas, eu pensava no aqui mencionado Dr. Rée, isso ocorria porque eu nunca duvidei que, a partir da própria natureza das suas perguntas, ele seria conduzido a uma metodologia mais correta para chegar às respostas. Será que eu me enganei a esse respeito? Em todo caso meu desejo era dar uma melhor orientação àquele olhar tão aguçado e imparcial, a orientação à verdadeira *história da moral*, e adverti-lo, ainda a tempo, sobre aquelas hipóteses inglesas *aleatórias.*[24]

---

[24] A locução original alemã é "*ins Blaue*", que quer dizer "a esmo", "à toa", "aleatório". A palavra *Blau* também pode ser traduzida como "azul".

É evidente qual cor deve ser centenas de vezes mais importante para um genealogista da moral do que justamente o azul: ou seja, é o *cinza*, quero dizer, o primordial, aquilo que pode ser constatado de fato, o que existiu realmente, em suma, toda a longa, dificilmente decifrável escrita hieroglífica do passado da moral humana! — O Dr. Rée o desconhecia; mas ele leu a obra de Charles Darwin[25] — e assim, nas suas hipóteses, de uma forma no mínimo divertida, dão-se as mãos a besta darwinista e o mais moderno animal domesticado, manso, que "não morde mais", este último com a expressão de uma certa indolência benévola e refinada no rosto, em que até se mistura um pouco de pessimismo, de cansaço, como se na verdade nem valesse a pena levar tão a sério todas essas coisas — os problemas da moral. Inversamente, para mim, não parece existirem coisas que *valem* mais a pena serem levadas a sério do que essas; por exemplo, teria sido uma recompensa, se um dia também obtivéssemos a autorização de as considerarmos *alegres*. A alegria ou, para dizer isso no meu idioma, *a Gaia ciência*[26] — é uma recompensa; a recompensa por uma longa, corajosa, diligente e subterrânea seriedade, que naturalmente não é uma coisa para qualquer um. Mas no dia em que dissermos, do fundo do coração: "Adiante!

---

[25] Charles Darwin (1809–1892), naturalista britânico. Em sua teoria da evolução ele defende a tese de uma seleção natural das espécies, em que apenas as mais aptas e adaptadas sobrevivem.

[26] Título do livro de Nietzsche, cujo título original é *Die fröhliche Wissenschaft*. Foi publicado pela Editora Martin Claret, São Paulo, 2016, com tradução e notas de Inês Antonia Lohbauer.

A nossa velha moral também faz parte da comédia!" teremos descoberto um novo enredo e uma nova possibilidade para o drama dionisíaco do "destino da alma" —: e ele vai aproveitá-los bem, podemos apostar nisso, ele, o grande velho e eterno poeta da comédia[27] da nossa existência!....

8

— Se este texto for incompreensível para alguém e difícil de ouvir, então acho que a culpa não é necessariamente minha. Ele é bastante claro, pressupondo-se que primeiro se tenha lido meus textos antigos, e sem poupar esforços nisso; na prática eles não são facilmente acessíveis. Por exemplo, no que se refere ao meu *Zaratustra*,[28] não permito que ninguém afirme conhecê-lo, se cada uma das suas palavras em algum momento não o tiverem magoado profundamente, e num outro momento não o tiverem encantado profundamente: só então ele poderá desfrutar do direito de participar respeitosamente do elemento alciônico[29] do

---

[27] Nietzsche refere-se a Dioniso, deus grego cujo culto era ligado ao vinho e às celebrações orgíacas. Estas são uma das raízes da tragédia grega e também da comédia. Veja, a esse respeito, a obra de Nietzsche *O nascimento da tragédia* (*Die Geburt der Tragödie*), de 1872.

[28] Obra de Nietzsche cujo título original alemão é *Also sprach Zarathustra* (1883), traduzido para o português como *Assim falou Zaratustra*, e publicado pela Editora Martin Claret, São Paulo, 2014.

[29] "Alciônico" é o mesmo que "sereno", "pacífico".

qual a obra nasceu, participar da sua claridade solar, sua extensão, amplitude e certeza. Em outros casos, há dificuldades no formato aforístico, que consiste no fato de ele hoje *não receber a devida importância.* Não se pode dizer que um aforismo,[30] mesmo corretamente montado e moldado, já foi "decifrado" só pelo fato de ter sido lido antes; é preciso realizar a sua *interpretação*, e para isso torna-se necessária uma arte da interpretação. No terceiro ensaio deste livro apresentei um modelo do que, num caso como esse, chamo de "interpretação": — há um aforismo que precede o texto, ele já é o próprio comentário a ele. Naturalmente é preciso sobretudo, dessa maneira, praticar a leitura como *arte*, o que hoje em dia não se sabe mais fazer — por isso ainda há tempo até a "legibilidade" dos meus escritos — para eles é quase preciso ser uma vaca, em todo caso, *não* uma "pessoa moderna": *o ruminar...*

Sils-Maria, Alta Engadina, julho de 1887

---

[30] O aforismo (do grego *aphorismós*, "delimitação") é uma máxima, um texto curto ou uma frase, geralmente ligado à escrita filosófica, com uma reflexão de natureza prática ou moral.

Primeiro ensaio

"Bem e mal", "Bom e mau"

1

— Esses psicólogos ingleses, aos quais devemos agradecer pelas únicas tentativas de se chegar a uma história do surgimento da moral — mostram neles mesmos um enigma que não é pequeno; confesso que justamente como enigmas encarnados eles até possuem algo essencial, além dos seus livros — *eles mesmos são interessantes!* Esses psicólogos ingleses — o que querem afinal? De forma voluntária ou involuntária nós os encontramos sempre no mesmo trabalho, ou seja, tentando empurrar a *partie honteuse*[1] do nosso mundo interior para o primeiro plano e procurando justamente ali o que é verdadeiramente eficaz, fundamental, decisivo para o desenvolvimento — o último lugar em que o orgulho intelectual do ser humano *desejaria* encontrá-lo (por exemplo na *vis inertiae*[2] do hábito, no esquecimento ou numa engrenagem e numa

---

[1] Do francês, "parte infame".
[2] Do latim, "força de inércia".

mecânica cegas ou casuais de ideias, ou em qualquer coisa meramente passiva, automática, reflexiva, molecular e basicamente estúpida) — na verdade, o que leva esses psicólogos sempre justamente *nessa* direção? Será que é um secreto, malicioso, vulgar instinto de apequenamento do ser humano? Ou então uma suposição pessimista, a desconfiança de idealistas que ficaram decepcionados, melancólicos e encolerizados? Ou uma pequena hostilidade e um rancor subterrâneos contra o cristianismo (e Platão), que talvez nem tenham atravessado o umbral da consciência? Ou até um gosto lascivo pelo que é estranho, doloroso, paradoxal, duvidoso e insensato na existência? Ou finalmente — sobretudo um pouco de maldade, um pouco de melancolia, um pouco de anticristandade, um pouco de comichão e desejo de pimenta?... Porém dizem-me que são simplesmente velhos, frios e entediantes sapos, que saltam e rastejam ao redor e para dentro do ser humano, como se estivessem em seu elemento, ou seja, um *pântano*. Ouço isso com relutância, mais ainda, sem acreditar; e se pudermos desejar quando não podemos saber, desejo de todo o coração que para eles tudo isso seja o contrário — que esses pesquisadores e microscopistas da alma sejam basicamente animais corajosos, generosos e orgulhosos, que saibam manejar as rédeas do seu coração assim como da sua dor, e que se tenham educado no sentido de sacrificar todos os desejos em nome da verdade, de toda verdade, até da verdade simples, áspera, feia, adversa, não cristã, imoral.... Pois essas verdades existem. —

2

Portanto, muito respeito com os bons espíritos que possam reinar nesses historiadores da moral! Mas certamente é uma pena que o próprio *espírito histórico* se afaste deles, que eles tenham sido abandonados justamente por todos os bons espíritos da história! Como é habitual entre os velhos filósofos, todos eles pensam de uma forma *essencialmente* não histórica; não há dúvida disso. O trabalho malfeito da sua genealogia da moral surge logo no início, onde a questão é comunicar "bem" a origem do conceito e do parecer. "Originalmente" — decretam eles — "louvaram-se e declararam-se como boas as ações não egoístas, por parte daqueles aos quais elas provaram ser úteis, e efetivamente o foram; mais tarde essa origem do louvor foi *esquecida*, e as ações não egoístas, simplesmente porque *habitualmente* sempre foram louvadas como boas, também foram consideradas boas — como se fossem coisas boas em si". Imediatamente vemos que essa primeira dedução já contém todos os traços típicos da idiossincrasia da psicologia inglesa — a "utilidade", "o esquecimento", "a habitualidade" e no final o "engano" — tudo isso é considerado o suporte documental da atribuição de um valor elevado da qual, como uma espécie de prerrogativa, o ser humano superior até agora sentiu muito orgulho. Esse orgulho *precisa* ser arrefecido, essa forte valorização, reduzida: isso foi alcançado?... Para mim, em primeiro lugar, é importante perceber que, nessa teoria, a origem do conceito "bom" é procurada e colocada no lugar errado: a opinião de que algo é "bom" *não* provém daqueles a quem é feito o "bem"! Foram os próprios "bons", quer dizer, os nobres, poderosos, autoridades e homens honrados que se sentiam assim e então atribuíram a si mesmos e às suas ações a qualidade de "bons", ou seja, de primeira categoria, em contraste com tudo que era baixo, de mentalidade inferior, da ralé, e de origem vulgar. A partir desse *páthos da distância*[3] eles se apropriaram do direito de criar valores, de dar nomes aos valores: que lhes importava a utilidade! Justamente em relação a um jorrar tão acalorado dos mais superiores juízos de valor ordenadores, hierarquizantes, o ponto de vista da utilidade é tão alheio e inadequado quanto possível: aqui o sentimento chegou ao extremo oposto daquele grau de temperatura tão baixo, que toda inteligência calculadora, todo cálculo de utilidade pressupõe — e não uma só vez, não por uma só hora de exceção, mas por um longo tempo. O *páthos* da nobreza e da distância, por assim dizer, o abrangente e básico sentimento duradouro e dominador de uma espécie superior reinante em relação a uma espécie inferior,

---

[3] Palavra grega cujo significado está atrelado à situação de passividade, sujeição, sentimento, paixão, excesso ou sofrimento. Está na composição de muitas palavras da linguagem corrente, como "patológico", "apático", etc. *O páthos da distância* é um conceito importante da visão de Nietzsche sobre o que é aristocrático. Ele defende a substituição da compaixão pela capacidade de sofrimento individual, em cuja medida deve ser avaliado o grau de nobreza do ser humano (*Além do bem e do mal*).

um "abaixo" — é a origem do contraste entre "bom" e "ruim". (O direito dos dominadores de dar nomes vai tão longe que deveríamos permitir-nos definir a própria origem da linguagem como a sua expressão de poder: eles dizem "isso *é* isso e aquilo"; eles imprimem um termo a cada uma das coisas e acontecimentos, e com isso logo se apropriam deles). É a partir dessa origem que a palavra "bom", desde o início, não está *necessariamente* ligada a ações "não egoístas", conforme a superstição daqueles genealogistas da moral. Na verdade, isso ocorre apenas depois, numa *decadência* dos juízos de valor aristocráticos, quando essa noção de oposição entre "egoísta" e "não egoísta" começa a se impor cada vez mais à consciência humana — para usar minha linguagem, é o *instinto de rebanho*, que finalmente consegue falar mais alto (e também expressar as *palavras*). Mesmo assim, foi preciso muito tempo até esse instinto tornar-se dominante, até o grau em que o juízo de valor moral estacionasse, ficasse paralisado e preso àquela oposição (como é o caso, por exemplo, na Europa contemporânea: hoje reina ali o preconceito que considera de mesmo valor os conceitos "moral", "não egoísta", "desinteressado", com a força de uma "ideia fixa" e uma doença mental).

3

Mas em segundo lugar: totalmente independente da inconsistência histórica daquela hipótese sobre a origem da avaliação do que seria "bom", ela sofre de um paradoxo psicológico. A origem do louvor que a ação não egoísta recebe deve ser a sua utilidade, e essa origem deve ter sido *esquecida* — como esse esquecimento foi *possível*? Será que em algum momento a utilidade dessas ações acabou? O que aconteceu foi o contrário: na verdade, em todos os tempos essa utilidade foi a experiência cotidiana, portanto, algo enfatizado continuamente, sempre de novo, ou seja, em vez de desaparecer da consciência, em vez de se tornar objeto de esquecimento, foi gravado na consciência com uma nitidez cada vez maior. Por exemplo, uma teoria contraposta a essa, muito mais sensata (mas nem por isso mais verdadeira) é aquela defendida por Herbert Spencer,[4] que considera o conceito "bom" como igual, em essência, ao conceito "útil", "adequado", de modo que, ao considerar algo como sendo "bom" ou "ruim", a humanidade resumiu e sancionou suas experiências *não esquecidas* e *inesquecíveis* como úteis — adequadas ou nocivas — inadequadas. Segundo essa teoria, "bom" é aquilo que, ao longo do tempo, provou ser útil: com isso podemos atribuir-lhe valor, considerá-lo "valioso em alto grau", "valioso em si".

---

[4] Herbert Spencer (1820–1903) foi um filósofo e sociólogo inglês. Admirador de Darwin (veja a nota 25 do prólogo deste livro), procurou aplicar as leis da evolução a todos os níveis da atividade humana (os lados físico, ético, sociológico e religioso do universo). É dele a expressão "sobrevivência do mais apto". Suas ideias foram muito distorcidas, pois, ao contrário do que se dizia, ele jamais defendeu a "morte dos mais fracos", e sempre se opôs a governos militares e autoritários.

Mas esse caminho da explicação também é, por assim dizer, errado, porém pelo menos a explicação em si é racional e psicologicamente consistente.

4

— Obtive a indicação ao caminho correto quando me perguntei quais eram, na verdade, os significados das definições de "bom", do ponto de vista etimológico, nas diversas línguas: então descobri que todos eles remontam à *mesma transformação conceitual* — que em todos os lugares o conceito fundamental é "nobre", "refinado", no sentido corporativo, do qual necessariamente deriva o "bom", no sentido de "nobreza de alma", "nobre", de "alma elevada", de "alma privilegiada"; um desenvolvimento que sempre corre paralelamente com o daqueles outros, de "vulgar", "ralé", "baixo", e finalmente chega ao conceito de "ruim". O mais representativo exemplo para este último caso é a própria palavra *schlecht,* em alemão [ruim], idêntica à palavra *schlicht* [simples] — compare com *schlechtweg ou schlechterdings* [simplesmente] — que definia originalmente o homem simples, comum, ainda sem um olhar de suspeição, simplesmente em oposição ao nobre. Mais ou menos na época da Guerra dos Trinta Anos, portanto, já bem mais tarde, esse significado passa para o que é vigente hoje. No que se refere à genealogia da moral, essa me parece uma visão *essencial*; o fato de só ter sido descoberta tão tarde, deve-se à influência inibidora exercida pelo preconceito democrático no âmbito do mundo moderno, relativamente a todas as questões de origem. E isso até o âmbito aparentemente mais objetivo da ciência natural e da fisiologia, como se deve mencionar aqui. O prejuízo que esse preconceito, levado até o ódio, pode provocar, especialmente para a moral e a história, é mostrado pelo tão mal-afamado caso Buckles;[5] nele o *plebeísmo* do espírito moderno, de origem inglesa, irrompeu novamente de seu solo pátrio, violento como um vulcão lamacento e com aquela oratória exagerada, ruidosa, vulgar com a qual todos os vulcões até hoje se expressaram.

5

Quanto ao nosso problema, que, por bons motivos, pode ser chamado de um problema *silencioso*, e seletivamente só se dirige a poucos ouvidos, seria interessante observar que muitas vezes, naquelas palavras e raízes que ainda definem o termo "bom", transparece a principal *nuance*, segundo a qual os

---

[5] Henry Thomas Buckles (1821–1862) foi um historiador inglês, autor de *História da civilização na Inglaterra*. Buckles propunha um novo tipo de História que, apoiada em ciências como a Estatística, pudesse descobrir as leis gerais que organizam as sociedades humanas. No final do século XIX sua obra foi traduzida no Brasil, exercendo um forte impacto nos intelectuais brasileiros, inclusive com críticas às suas ideias.

nobres se sentiam pessoas de uma categoria superior. Talvez nos casos mais frequentes eles simplesmente chamem a si mesmos de acordo com a sua superioridade de poder (como "os poderosos", "os senhores" "os mandatários") ou de acordo com os sinais mais visíveis dessa superioridade como, por exemplo, "os ricos", "os proprietários" (este é o significado de *arya*;[6] e o correspondente no iraniano e no eslavo). E também de acordo com um *traço de caráter típico*: este é o caso que nos importa, aqui. Eles chamam a si mesmos, por exemplo, de "os verdadeiros", como no caso da nobreza grega, cujo porta-voz é o poeta de Megara, Teógnis.[7] A palavra referente a isso, ἐσθλος[8], representa, conforme a raiz, aquele que é, que tem realidade, que é real, que é verdadeiro; depois, com uma mudança subjetiva, o real passa a ser o verdadeiro. Nessa fase de mudança conceitual o termo se torna um lugar-comum e um mote da nobreza, e passa integralmente a ter o significado de nobre, diferenciando este último do homem mentiroso, comum, como Teógnis o considera e descreve — até que finalmente, depois do declínio da nobreza, resta à palavra a definição de "nobreza espiritual", quando, ao mesmo tempo, ela se torna madura e doce. Na palavra κακός[9] assim como

---

[6] Do sânscrito, "ariano".

[7] Teógnis (c. de 500 a.C.) foi um poeta grego cujos poemas enfatizavam o aristocrático.

[8] Do grego, "real", "verdadeiro", "corajoso", "feliz", "valioso".

[9] Do grego, "danoso", "feio", "vulgar", "pobre".

em δειλός[10] (o plebeu, em contraposição ao ἀγαθός[11]) é enfatizada a covardia; isso talvez indique em qual direção se deve procurar a origem etimológica da palavra ἀγαθός, de vários significados. Na palavra latina *malus*[12] (que coloco ao lado de μέλας[13]) o homem comum, vulgar, poderia ser definido como o de cor escura, sobretudo o de cabelos negros (*hic niger est*[14] —), como o habitante pré-ariano do solo itálico, que, em razão de sua cor, destacava-se mais nitidamente da raça dos conquistadores arianos dominantes, que se tornaram loiros; pelo menos o galês forneceu-me o caso que melhor corresponde a isso — *fin* (como por exemplo no nome *Fin-Gal*[15]) a palavra que distingue a nobreza, e por último, o bom, nobre, puro, em sua origem o "cabeça loira", em contraposição aos nativos mais escuros, de cabelos negros. Os celtas, a propósito, eram uma raça inteiramente loira; cometemos um erro quando relacionamos aqueles traços de uma população essencialmente de cabelos escuros, que aparece nos mapas etnográficos mais minuciosos da Alemanha, com quaisquer origens e misturas de sangue celtas, como ainda é feito por Virchow:[16] na verdade, nesses

---

[10] Do grego, "covarde", "inútil", "miserável", "infeliz".

[11] Do grego, "bom", "útil", "fértil", "homem honrado", "aristocrata".

[12] Do latim, "ruim", "mau", "inútil".

[13] Do grego, "mau", "obscuro", "insidioso".

[14] Do latim, "é uma alma efetivamente negra", das Sátiras, de Horácio.

[15] Fingal (século III a.C.) é o herói de uma saga irlandesa.

[16] Rudolf Virchow (1821–1902) foi um patologista alemão, fundador da moderna antropologia e introdutor do método quantitativo para a classificação das raças humanas.

locais, predomina a população *pré-ariana* da Alemanha. (O mesmo é válido para quase toda a Europa: essencialmente a raça inferiorizada por fim obteve de novo a supremacia, em cor, crânio mais curto, talvez até nos instintos intelectuais e sociais: quem nos garante que a democracia moderna, o anarquismo mais moderno ainda e especialmente aquela inclinação à *commune*, a forma mais primitiva de sociedade, atualmente comum a todos os socialistas da Europa, não representem, principalmente, um imenso *contragolpe* — e que os conquistadores — e as *raças dos dominadores*, as dos arianos, não estejam decaindo, inclusive fisiologicamente?...) Acho que posso interpretar a palavra latina *bonus*[17] como "o guerreiro": pressupondo que, com razão, eu possa referi-la a uma palavra mais antiga ainda, *duonus* (compare *bellum* = *duellum* = *duen-lum*, nas quais parece-me que aquele *duonus* foi preservado). Portanto, *bonus* como o homem da dissensão, da desavença (*duo*), como o homem da guerra; vemos como, na velha Roma, era importante a *bondade* de um homem. Será que o nosso "bom" [*Gut*, em alemão], em si mesmo, não significaria "o divino" [*den Göttlichen*], o homem de "estirpe divina" [*göttlichen Geschlechts*]? E idêntica ao nome popular (originalmente nobre) dos godos [*der Goten*]?[18] Não nos cabe aqui falar sobre os motivos dessa suposição. —

---

[17] Do latim, "bom", "útil", "benévolo".

[18] Nessas últimas perguntas Nietzsche identifica a mesma raiz em diversas palavras alemãs: *Gut* (bom), *Göttlich* (divino), *göttlichen Geschlechts* (estirpe divina), e também *Goten* (godos).

6

A partir dessa regra, de que o conceito de primazia política sempre produz um conceito de primazia da alma, não é uma exceção (apesar de dar ensejo às exceções) quando a casta superior se torna ao mesmo tempo a casta *sacerdotal,* e como consequência prioriza um predicado para a sua designação conjunta, que lembre a sua função sacerdotal. Pela primeira vez surgem, por exemplo, as palavras "puro" e "impuro", como distintivos de estratos sociais opostos; mais tarde também desenvolvem-se os termos "bom" e "ruim", porém não mais num sentido de estratos sociais fixos. De resto, deve-se tomar cuidado para não considerar esses conceitos "puro" e "impuro" previamente com sentidos pesados demais, amplos demais ou até simbolicamente: numa medida quase inimaginável para nós, todos os conceitos da humanidade mais antiga costumavam ser, inicialmente, grosseiros, toscos, superficiais, estreitos, e especialmente entendidos de forma *não simbólica*. O "puro", desde o início, é apenas um ser humano que se lava, que não se permite ingerir certos alimentos que possam provocar doenças de pele, que não dorme com as mulheres sujas do povo inferior, que tem horror a sangue — nada mais, nada além disso! Por outro lado, naturalmente fica claro por que, justamente a partir de todo esse modo de ser de uma aristocracia essencialmente sacerdotal, os valores opostos puderam interiorizar-se e se aguçar precocemente de uma forma perigosa; e finalmente na prática, por meio deles, foram abertos profundos abismos entre um ser humano e outro, que até mesmo um Aquiles "livre-pensador"[19] não conseguiria ultrapassar sem sentir calafrios. Desde o início foram essas coisas *não saudáveis* nessas aristocracias sacerdotais e nos hábitos derivados dos negócios, em parte incubados, em parte emocionalmente explosivos, predominantes nelas, que tiveram como consequência o surgimento daquele estado enfermiço intestinal e aquela neurastenia que acometia quase inevitavelmente aqueles sacerdotes em todos os tempos. Mas qual foi o remédio que eles inventaram para esse estado enfermiço? — não é preciso dizer que, em seus efeitos colaterais, ele se revelou cem vezes mais perigoso do que a doença que deveria curar. A própria humanidade ainda sofre com as sequelas dessas terapias ingênuas sacerdotais! Pensemos, por exemplo, em determinadas dietas (que evitam a carne), no jejum, na abstinência sexual, na fuga "ao deserto" (o isolamento recomendado por Weir Mitchell,[20] naturalmente sem a massagem e a superalimentação posteriores, que constituem o antídoto mais eficaz contra toda essa histeria do ideal ascético); e somada a isso, toda a metafísica

---

[19] Aquiles, filho de Peleu e Tétis, é um herói e semideus da mitologia grega, conhecido pela sua coragem, astúcia e força. Era considerado um "livre pensador" porque, por meio dessas qualidades, tentava libertar-se da opressão das autoridades e dos dogmas.

[20] Silas Weir Mitchell (1829–1914), médico americano. Em sua obra *Gordura e sangue* (1884) ele descreve um método de cura em que o paciente deve ficar isolado, em repouso, ingerir altas doses de certos alimentos e submeter-se a massagens regulares.

dos sacerdotes, inimiga dos sentidos, produtora da preguiça e do refinamento, sua auto-hipnose à moda dos faquires e brâmanes — o Brahma usado como botão de vidro[21] e ideia fixa — e finalmente a apenas compreensível saturação geral com sua terapêutica radical, o *nada* (ou Deus — a necessidade de uma *unio mystica* com Deus é a necessidade dos budistas para o nada, o nirvana — e nada mais!). É que, entre os sacerdotes, *tudo* se torna mais perigoso, não apenas remédios e terapias, mas também orgulho, vingança, perspicácia, libertinagem, amor, ânsia de domínio, virtude, doença — com alguma equidade pode-se acrescentar também, que só sobre a base dessa forma *essencialmente perigosa* de ser — a sacerdotal — é que o ser humano tornou-se um *animal interessante*, e que assim a alma humana adquiriu *profundidade*, num sentido mais elevado, e tornou-se *má* — afinal, estas são as duas formas básicas de superioridade do ser humano sobre o resto dos animais!...

7

Já podemos adivinhar quão facilmente a forma de avaliação dos sacerdotes pode derivar do cavalheiresco-aristocrático e depois se desenvolver até o seu oposto; isso pode produzir um choque, especialmente quando a casta sacerdotal e a dos guerreiros se

---

[21] Provavelmente trata-se de um objeto claro, brilhante, um botão, broche ou pendente, usado para hipnotizar as pessoas.

contrapõem, com muito ciúme uma da outra, e não concordam a respeito dessas avaliações. Os juízos de valor cavalheiresco-aristocráticos preconizam, para o seu pressuposto, uma poderosa massa corporal, uma saúde florescente, rica, transbordante, junto com aquilo que condiciona sua manutenção, a guerra, a aventura, a caça, a dança, os jogos de combate e no geral tudo o que encerra em si uma atividade forte, livre, de boa disposição.

A forma nobre-sacerdotal de valoração possui — nós já vimos isso — outros pressupostos: até bastante graves para eles, quando se trata da guerra! Como se sabe, os sacerdotes são os *piores inimigos* — mas por quê? Porque são os mais impotentes. A partir da sua impotência, o ódio cresce neles até o nível mais monstruoso, terrível, mais espiritual e venenoso. Os que mais odiaram na história mundial sempre foram sacerdotes, inclusive os sacerdotes mais ricos de espírito — diante do espírito de vingança sacerdotal, todo o espírito restante quase não tem importância. A história humana seria uma coisa tola demais sem o espírito fornecido a ela pelos impotentes — vamos imediatamente citar o maior exemplo de todos. Tudo o que foi feito na Terra contra os "nobres", "os mais fortes", "os senhores", "os poderosos" nem vale a pena ser mencionado, em comparação com tudo aquilo que os *judeus* fizeram contra eles: os judeus, esse povo sacerdotal que só conseguiu satisfazer-se vingando-se de seus inimigos e dominadores por meio de uma inversão radical de seus valores, portanto, de um ato de *vingança espiritual*. Era isso que estava de acordo com um povo sacerdotal, o povo da mais retrógrada sede de vingança sacerdotal. Foram os judeus que ousaram fazer a inversão da equação de valores aristocráticos (bom = nobre = poderoso = belo = feliz = amado por Deus) com uma lógica assustadora, mantiveram-na com os dentes cerrados do mais profundo ódio (o ódio derivado da impotência), ou seja, "só os miseráveis são os bons, só os pobres, fracos, inferiores são os bons; os sofredores, desprovidos, doentes e feios também são os únicos devotos, os únicos bem-aventurados, só para eles existe a bem-aventurança — contrariamente a vocês, seus nobres e poderosos, que são, para toda a eternidade, os maus, os cruéis, os libidinosos, os insaciáveis, os ateus, e também serão eternamente os desditosos, amaldiçoados e malditos!"... Sabemos *quem* recebeu a herança dessa inversão judaica de valores... Com relação à sinistra e terrível iniciativa dos judeus, acima de qualquer medida, de fazerem essa mais radical de todas as declarações de guerra, lembro-me da frase à qual cheguei numa outra ocasião (*Além do bem e do mal*, p. 128) — de que, com os judeus inicia-se a *revolta dos escravos na moral*: aquela revolta que possui atrás de si uma história de dois mil anos e que hoje só perdemos de vista, porque — foi vitoriosa...

8

— Não entendem isso? Não enxergam algo que levou dois mil anos para triunfar?... Não é de se admirar que todas as coisas *longas* são difíceis de serem vistas, vislumbradas. Mas o resultado é *esse*: dos ramos daquela árvore da vingança e do ódio, do ódio judaico — do ódio mais profundo e sublime, criador de ideais, inversor de valores, como nunca existiu na Terra — brotou também algo incomparável, um *novo amor*, a mais profunda e sublime de todas as espécies de amor: — e de qual outro ramo ele poderia ter brotado?... Não devemos pensar que ele brotou como a negação em si daquela sede de vingança, como o oposto do ódio judaico! Não, na verdade ocorreu o contrário! O amor brotou dele, como sua coroa, a coroa triunfante, abrindo-se cada vez mais amplamente na mais pura claridade e plenitude do Sol, e que, com o mesmo impulso empregado no reino da luz e das alturas para tentar alcançar os alvos daquele ódio, em direção à vitória, ao saque, à tentação, as raízes daquele ódio haviam mergulhado cada vez mais fundo e mais avidamente em tudo o que fosse profundo e malévolo. Esse Jesus de Nazaré, como o evangelho do amor encarnado, esse "redentor" que traz a bem-aventurança e a vitória aos pobres, aos doentes, aos pecadores — será que ele não foi justamente a tentação na sua forma mais insidiosa e irresistível, a tentação e o atalho na direção desses valores *judaicos* e das renovações do seu ideal? Será que Israel não alcançou o último objetivo da sua sublime ânsia de vingança justamente no atalho desse "redentor", esse aparente antagonista e aniquilador de Israel? Será que o fato de o próprio Israel ter sido obrigado a renegar o verdadeiro instrumento da sua vingança e matá-lo na cruz, como um inimigo mortal, diante do "mundo inteiro", para que todo o mundo, ou seja, todos os adversários de Israel pudessem, sem receio, morder justamente essa isca? E não seria parte de uma secreta magia negra de uma política de vingança verdadeiramente *grande*, uma vingança de ampla visão, subterrânea, insidiosa e com previsão para o futuro? E, por outro lado, será que, a partir de todo refinamento do espírito, poder-se-ia pensar numa isca mais *perigosa*? Algo igual a esse símbolo da "santa cruz", com essa mesma força de atração, de encantamento, de entorpecimento e de destruição, igual àquele horrível paradoxo de um "Deus na cruz", àquele mistério de uma inimaginável autocrucificação de Deus, essa última e extrema crueldade para a *salvação da humanidade*?... Pelo menos é certo que, *sub hoc signo,*[22] Israel, com a sua vingança e a inversão de todos os valores, até agora sempre triunfou sobre todos os outros ideais, sobre todos os ideais *mais nobres*.

9

— "Mas o que o senhor continua dizendo a respeito de ideais *mais nobres*! Vamos nos ater aos fatos: o povo

---

[22] Do latim, "sob esse símbolo". A inscrição "*in hoc signo vinces*" (com este símbolo vencerás) surge sobre a cruz no império de Constantino I. Nietzsche troca a palavra "in" por "sub", invertendo o significado da cruz como vitoriosa, para o significado dela como um símbolo de auto-opressão.

venceu — ou 'os escravos', ou 'a plebe', ou 'o rebanho', ou como queira chamá-los — se isso aconteceu por meio dos judeus, tudo bem! Nesse caso, nunca um povo teve uma missão tão grande na história universal. 'Os senhores' foram destituídos; a moral do homem vulgar venceu. Podemos também considerar essa vitória como um envenenamento do sangue (as raças foram misturadas) — não o contradigo, mas sem dúvida essa intoxicação foi *bem-sucedida*. A 'redenção' da linhagem humana (ou seja, dos 'senhores') está no melhor dos caminhos; tudo se judaíza ou se cristianiza ou se vulgariza visivelmente (o que importam as palavras!). Parece impossível interromper-se a marcha desse envenenamento pelo corpo inteiro da humanidade, seu ritmo e seu passo podem até, de agora em diante, tornar-se sempre mais lentos, refinados, inaudíveis, ponderados — afinal, temos tempo... Será que, com esse propósito, a Igreja possui ainda hoje uma missão *necessária*, um direito à existência? Ou poderíamos dizer que ela é dispensável? *Quaeritur*.[23] Não lhe parece que ela reprime e impede essa marcha em vez de apressá-la? Bem, justamente essa poderia ser sua utilidade... Certamente ela é, por assim dizer, algo grosseiro e rústico, adverso a uma inteligência mais delicada, a um gosto verdadeiramente mais moderno. Será que ela não deveria pelo menos refinar-se um pouco?... Hoje ela afasta mais do que seduz... Quem de nós seria um livre-pensador se não existisse a Igreja?

[23] Do latim, "...é o que se pergunta!".

É a Igreja que nos repugna, *não* o seu veneno... Apesar da Igreja, nós também amamos o veneno..." — Este é o epílogo de um "livre-pensador" à minha fala, de um animal sincero, como ele revelou ser em abundância, e, acima de tudo, de um democrata; ele me ouviu até esse ponto, e depois não suportou ouvir meu silêncio. É que para mim, na verdade, nesse ponto havia muito a silenciar. —

10

— A rebelião dos escravos na moral começa quando o próprio *ressentimento* torna-se criativo e gera valores: é o ressentimento desses seres aos quais é negada a reação em si, aquela reação por meio da ação, e que só conseguem manter-se ilesos por meio de uma vingança imaginária. Enquanto toda moral nobre brota de um triunfante "dizer sim" a si mesmo, a moral dos escravos, desde o princípio, diz "*não*" a um "externo", a um "diferente" a um "que não ele mesmo"; e *este* "*não*" é o seu ato criador. Essa inversão da visão que atribui os valores — esse seu necessário direcionamento para fora e não para dentro, para si mesmo — faz parte do ressentimento: para existir, a moral dos escravos necessita sempre primeiro de um mundo oposto, externo; falando fisiologicamente, ela precisa de estímulos externos para agir — sua ação é basicamente uma reação. Na valoração mais refinada ocorre o inverso: ela age e cresce espontaneamente, ela busca seu oposto apenas para dizer sim a si mesma com mais gratidão, mais alegria — seu conceito negativo "baixo", "vulgar", "ruim" é apenas uma imagem contrastante, pálida e temporã, em relação a seu conceito básico positivo, inteiramente impregnado de vida e paixão, "nós, os nobres, nós, os bons, nós, os belos, nós, os felizes!". Quando a forma mais refinada de valoração se engana e peca contra a realidade, isso se dá com alguma esfera que ela *não* conhece suficientemente, quando se defende com muitas reservas contra esse conhecimento da realidade: sob certas circunstâncias, ela ignora essa esfera que despreza, a do homem comum, do povo inferior; por outro lado devemos ponderar que, em todo caso, o afeto do desprezo, do olhar de cima para baixo, do olhar do superior, pressupondo-se que ele *falseia* a imagem do desprezado, ainda permanece muito distante do falseamento com o qual o ódio destituído, a vingança do impotente vai enganar-se a respeito do seu opositor — naturalmente *in effigie*.[24] Na prática, há no desprezo negligência demais, leviandade demais, desvio demais de olhar e impaciência misturados, até mesmo autossatisfação demais, o que o torna incapaz de transformar seu objeto numa verdadeira caricatura e num monstro. Não deixemos de ouvir as quase benévolas *nuances* que, por exemplo, a nobreza grega coloca em todas as palavras com as quais ela se posiciona acima do povo inferior; como

[24] Do latim, "pictoricamente", "por meio da imagem".

as misturam e adoçam continuamente com uma espécie de lamentação, consideração, indulgência, até que, no final, quase todas as palavras restantes que se referem ao homem comum são expressões para "infeliz", "digno de pena" (veja δειλός,[25] δείλαιος,[26] πονηρός,[27] μοχθηρός,[28] os dois últimos na verdade designando o homem comum como trabalhador escravo e animal de carga) — e como, por outro lado, "ruim", "infeliz" nunca cessaram de soar aos ouvidos gregos *num único* tom, numa única cor, na qual o "infeliz" predomina, como herança da antiga forma de valoração da aristocracia mais nobre, que também não renega o desprezo (— lembramos aos filólogos, em que sentido são usados οἰζυρός,[29] ἄνολβος,[30] τλήμων,[31] δυστυχεῖν,[32] ξυμφορά[33]). Os "bem-nascidos" *sentiam-se* "os felizes"; não precisavam construir sua felicidade antes, artificialmente, olhando para seus inimigos, e em certas circunstâncias convencerem-se dela, *mentir* sobre ela (como costumam fazer todos os ressentidos); e do mesmo modo, como pessoas plenas, com uma sobrecarga de força, portanto *necessariamente* ativas, sabiam como não separar a atividade da felicidade — ser ativo era algo que neles era

---

[25] Do grego, "inútil", miserável, "fraco".
[26] Do grego, "lamentável", "infeliz", "digno de pena".
[27] Do grego, física e moralmente "ruim", "inútil".
[28] Do grego, "miserável", "inútil".
[29] Do grego, "trabalhoso", "lamuriento".
[30] Do grego, "sem dotes naturais", "infeliz".
[31] Do grego, "tolerante", "resistente", "atrevido".
[32] Do grego, "sofrer derrotas", "não ter sorte".
[33] Do grego, "acaso", "acontecimento".

obrigatoriamente acrescentado à felicidade (de onde se origina o εὖ πράττειν[34]) — tudo muito contrário à "felicidade" no patamar dos impotentes, oprimidos, os que supuram sentimentos venenosos e hostis, e nos quais isso aparece essencialmente como atordoamento, entorpecimento, tranquilidade, paz, "sabá",[35] relaxamento emocional e espreguiçamento, em suma, *passivamente*. Enquanto a pessoa nobre vive, diante de si mesma, com confiança e abertura (γενναῖος,[36] de "berço nobre", que acentua a *nuance* "verdadeiro" e também "ingênuo") o ressentido não é verdadeiro nem ingênuo, nem sincero e direto consigo mesmo. Sua alma é *vesga*; seu espírito adora esconderijos, atalhos e portas dos fundos, tudo que é escondido o encoraja, como sendo *seu* mundo, *sua* segurança, *seu* bálsamo; ele sabe como calar, como não esquecer, como esperar, como apequenar-se temporariamente, e humilhar-se. Uma raça de gente ressentida, como essa, finalmente torna-se necessariamente *mais sagaz* do que qualquer raça nobre, ela também vai respeitar a sagacidade numa medida bem diferente, ou seja, como uma condição para uma existência de primeira categoria, enquanto a sagacidade das pessoas nobres facilmente adquire um ligeiro gosto residual de luxo e refinamento — pois neles essa sagacidade não é de

---

[34] Do grego, "agir corretamente".

[35] Sabá ou *sabat* deriva do hebraico *shabat* (cessar) e designa o dia semanal de descanso ou o período de oração observado em diversas crenças.

[36] Do grego, "diligente", "correto", "verdadeiro".

longe tão importante quanto a total certeza dos instintos *inconscientes* reguladores ou até uma certa imprudência, talvez a ousada impulsividade, seja em relação ao perigo, ao inimigo, ou àquela explosão emocional repentina da raiva, do amor, do respeito, da gratidão e da vingança, nas quais, em todos os tempos, as almas nobres se reconheceram. O próprio ressentimento da pessoa nobre, quando surge nela, concretiza-se e esgota-se numa reação imediata, e por isso não *envenena*: por outro lado às vezes ela nem ocorre, em inúmeros casos em que, em todos os fracos e impotentes, ela é inevitável. Não conseguir levar a sério por muito tempo seus inimigos, seus acidentes, até seus *delitos* — é característico de naturezas fortes e plenas, nas quais há um excesso de força plástica, reflexiva, curativa e também de esquecimento (um bom exemplo disso no mundo moderno é Mirabeau,[37] que não tinha uma boa memória para os insultos e as infâmias que lhe dirigiam, nem podia perdoá-los, apenas porque — ele os esquecia). Uma pessoa assim sacode *com um único* tranco todos os vermes alojados nela, e que nos outros permanecem incrustados; só neste caso também é possível — supondo-se que isso de fato seja possível na Terra — o verdadeiro "*amor* aos inimigos".[38] Afinal, quanto respeito uma pessoa nobre tem, de fato, pelos

[37] Honoré Gabriel de Riqueti, conde Mirabeau (1749–1791), escritor e político francês, foi presidente da Assembleia Nacional Francesa.

[38] A frase "amem seus inimigos" aparece em Mateus 5:43-44.

seus inimigos! — e um respeito assim já é uma ponte para o amor... Ela exige seu inimigo para si, como uma distinção, ela não tolera nenhum outro inimigo a não ser aquele no qual não há nada a desprezar e *muito* a respeitar! Por outro lado imaginemos o "inimigo" tal como é concebido pelo ressentido — e justamente nisso está sua façanha, sua criação: ele concebeu o "inimigo mau", "*o mau*" como conceito básico, a partir do qual ele inventa também um "bom", como cópia e contrapartida — ou seja, ele mesmo!...

11

Portanto, exatamente o contrário do que ocorre com os nobres, que concebem o conceito básico "bom" de forma prévia e espontânea, ou seja, a partir de si mesmos, e só então a partir disso criam uma ideia de "ruim"! Esse "ruim" de origem nobre, e aquele "mau" do caldeirão do ódio não saciado — o primeiro uma criação posterior, um acessório, uma cor complementar, e por outro lado o segundo, o original, o começo, a ação de fato na concepção de uma moral de escravos — como são diferentes essas duas palavras "ruim" e "mau", aparentemente contrárias ao mesmo conceito de "bom"! Mas *não* é o mesmo conceito de "bom": o que se pergunta é *quem* na verdade é "mau", no sentido da moral do ressentimento. Respondendo, com todo rigor: é *justamente* o "bom" daquela outra moral, o nobre, o poderoso, o dominador, apenas com outra cor, outra interpretação, outra visão, pelo olhar envenenado do ressentimento. Queremos negar pelo menos uma coisa: quem conheceu esses "bons" apenas como inimigos também não conheceu nada além de *inimigos maus*, e as mesmas pessoas mantidas dentro de limites rígidos por meio dos costumes, da respeitabilidade, do hábito, da gratidão e, mais ainda, da vigilância mútua, do ciúme *inter pares*,[39] e que, por outro lado, revelam ser tão criativas nas atitudes recíprocas, no que se refere a consideração, autodomínio, delicadeza, fidelidade, orgulho e amizade — essas mesmas pessoas não são muito melhores do que animais selvagens soltos, quando se voltam para o exterior, onde começa *o* estranho, a estranheza. Ali desfrutam da liberdade em relação a toda obrigação social, sentem-se na selva, imunes à tensão causada por um longo bloqueio e um longo confinamento na paz da comunidade, *retornam* à inocência da consciência do animal selvagem, como monstros alegres, que talvez venham de uma terrível sequência de assassinatos, incêndios, violações, torturas, com uma animação e um equilíbrio emocional como se apenas tivessem acabado de sair de uma farra estudantil, convencidos de que os poetas terão novamente, por muito tempo, algo para louvar e cantar. Na base de todas essas nobres raças não se pode deixar de identificar o animal selvagem, a *besta loira*[40] magnífica,

[39] Do latim, "entre pares", "entre iguais".

[40] Assim eram chamados os senhores germânicos, demonizados pelas classes inferiores que, segundo Nietzsche, reagiam com ressentimento e inveja à força e à nobreza dos seus superiores.

rastejando sorrateira atrás da presa e da vitória; essa base oculta precisa descarregar-se, de tempos em tempos, o animal precisa libertar-se, e voltar de novo para a selva: — nobres romanos, árabes, germânicos, japoneses, heróis homéricos, *vikings* escandinavos — em relação a essa necessidade, são todos iguais. Foram as raças nobres que deixaram atrás de si o conceito de "bárbaro", em todos os rastros do caminho pelo qual passaram; até mesmo em sua elevada cultura revela-se uma consciência disso e um imenso orgulho (por exemplo, quando Péricles[41] diz aos atenienses, naquele famoso discurso fúnebre, "forçamos todas as terras e mares a abrirem caminho à nossa ousadia, e em todo lugar, seja para o bem ou para *o mal*, deixamos monumentos imperecíveis atrás de nós"). Essa ousadia das raças nobres, tremenda, absurda, súbita, tal como se expressa, o incalculável, o improvável mesmo de seus empreendimentos — Péricles

---

[41] Péricles (495–429 a.C.) célebre estadista, orador e estrategista grego, viveu no auge da democracia grega. Tucídides (460–400 a.C.), historiador grego, ao escrever a *História da Guerra do Peloponeso* (8 volumes) sobre a guerra entre Atenas e Esparta, registrou a oração fúnebre de Péricles, da qual reproduzimos um trecho: "Em vez disso a admiração dos tempos presentes e futuros será nossa, já que não deixamos nosso poder sem testemunhas, mas, sim, o demonstramos por meio de poderosas evidências; e longe de precisarmos de um Homero como nosso panegirista, ou qualquer outro que domine a sua arte, e cujos versos possam encantar apenas num breve momento pela impressão que transmitem, mas logo depois evaporem em contato com os fatos, nós *forçamos todas as terras e mares a abrirem caminho para a nossa ousadia, e em todo lugar, seja para o bem ou para o mal, deixamos monumentos imperecíveis atrás de nós*" (Tucídides, II, 41).

salienta a ῥαθυμία[42] dos atenienses com distinção —, sua indiferença e desprezo pela segurança, pelo corpo, pela vida, pelo conforto, a terrível disposição e profundidade do prazer que elas sentem em todo tipo de destruição, em toda volúpia da vitória e da crueldade — para aqueles que sofriam disso, tudo se resumia na imagem do "bárbaro", do "inimigo mau", talvez do "godo", do "vândalo". A mais profunda e gélida desconfiança que o alemão provoca assim que chega ao poder, inclusive agora, de novo, continua sendo uma repetição daquele horror indelével com o qual a Europa assistiu, ao longo de séculos, à fúria desencadeada pela besta loira[43] germânica (apesar de não existir entre os antigos germanos e nós alemães de hoje quase nenhum parentesco conceitual, muito menos um parentesco de sangue). Uma vez chamei a atenção ao constrangimento de Hesíodo[44] quando ele imaginou uma sucessão de eras de cultura e tentou expressá-las como eras do ouro, da prata e do bronze; não conseguia fazer outra coisa com a contradição que lhe era oferecida pelo maravilhoso mas também tão terrível, tão violento mundo de Homero — a não ser produzir duas eras a partir de uma, colocando uma atrás da outra — uma delas, a era dos heróis e semideuses de Troia e Tebas, da forma como aquele mundo permanecera na memória das linhagens nobres, que

---

[42] Do grego, "despreocupação", "indolência".
[43] Veja a nota 38, logo acima.
[44] Hesíodo (c. de 700 a.C.) poeta grego, autor de *Teogonia*, um poema sobre a origem dos deuses e da criação do mundo.

tinham seus próprios ancestrais nele; a outra, uma era do bronze, da forma como se apresentava aquele mundo dos descendentes dos oprimidos, subtraídos, maltratados, expulsos, vendidos: como uma era de bronze, por assim dizer, dura, fria, cruel, insensível e sem consciência, em que tudo fora reduzido a pó e coberto de sangue. Supondo-se que de fato fosse verdade o que agora, em todo caso, acredita-se que é "verdade", ou seja, que o *sentido de toda cultura* é domesticar o animal selvagem "ser humano" e torná-lo um animal manso e civilizado, um *animal doméstico*, então deveríamos, indubitavelmente, considerar que os *verdadeiros instrumentos da cultura* eram de fato todos aqueles instintos de reação e ressentimento, com cuja ajuda finalmente as linhagens nobres, juntamente com seus ideais, foram arruinadas e derrotadas. Mas, com isso, ainda não se poderia dizer que seus *portadores* também tenham, ao mesmo tempo, produzido a cultura. Na verdade, o contrário seria não apenas provável — não! hoje ele é *evidente*! Esses portadores dos instintos de depressão e de vontade à represália, os descendentes de toda escravidão europeia e não europeia, especialmente toda a população pré-ariana —, representam o *retrocesso* da humanidade! Esses "instrumentos da cultura" são uma desgraça do ser humano, e muito mais uma suspeita, um argumento contra a "cultura" em geral! Temos toda a razão quando não conseguimos nos livrar do medo e ficamos alertas diante da besta loira que vive na base de todas as raças nobres: mas quem não prefere cem vezes mais sentir medo quando, em vez de *não* sentir medo, pode admirar-se, mas não consegue livrar-se da asquerosa visão do fracassado, do apequenado, atrofiado, envenenado? E não é esse *nosso* destino? O que constitui hoje *nossa* aversão contra "o ser humano"? — pois *sofremos* por sermos "seres humanos", não há dúvida. — *Não* pelo medo em si, porém muito mais pelo fato de não termos mais nada a temer no ser humano; de que o verme "ser humano" está em primeiro plano e se agita; de que o "ser humano manso", o incurável medíocre e desagradável ser humano aprendeu a se sentir como meta e ponta, como sentido da história, como "ser humano superior" — sim, que ele tem um certo direito a se sentir assim, à medida que se sente apartado da enorme abundância de fracassados, enfermiços, cansados, desgastados, que hoje começam a cheirar mal na Europa — e também como algo relativamente bem-sucedido, pelo menos ainda apto à vida, pelo menos ainda dizendo sim à vida...

12

— Nesse ponto não consigo deixar de dar um suspiro e de sentir uma última confiança. O que é totalmente insuportável para mim, agora? Aquilo com que não consigo lidar sozinho, aquilo que me faz sufocar, morrer de sede? São os ares ruins! São os ares ruins! que algo fracassado se aproxime de mim, que eu tenha de cheirar as tripas da minha alma fracassada!...

Quantas outras coisas não suportamos, como angústias, privações, mau tempo, longas enfermidades, esforços, isolamento? Basicamente conseguimos lidar com todo o resto, nascidos que somos para uma existência subterrânea e combativa; sempre voltamos à luz, vivenciamos sempre de novo nossa hora dourada da vitória — e então ficamos ali, do jeito que nascemos, inquebrantáveis, espantados, preparados para o novo, o mais difícil ainda, o mais distante, como um arco que fica mais retesado ainda com toda essa angústia. — Mas de tempos em tempos concedam-me — supondo-se que existem doadores celestes, além do bem e do mal — um olhar, concedam-me um olhar apenas para alguma coisa perfeita, bem-sucedida até o fim, feliz, poderosa, triunfante, em que ainda existe algo a se temer! Concedam-me um olhar apenas para um ser humano que justifique *o* ser humano, um feliz acaso complementar e redentor, pelo qual podemos manter a nossa *crença no ser humano*!... As coisas estão assim: o apequenamento e o nivelamento do ser humano europeu ocultam *nosso* maior perigo: o de que essa visão nos canse.... Hoje não vemos nada que possa tornar-se maior, pressentimos que tudo continuará indo para baixo, caindo para o que é mais rarefeito, complacente, sagaz, confortável, medíocre, indiferente, achinesado, cristianizado — não há dúvida, o ser humano torna-se cada vez "melhor"... é nisso que consiste o destino da Europa — com o medo diante do ser humano também perdemos o amor por ele, o respeito por ele, a esperança nele, enfim, a boa vontade para com ele. A visão do ser humano nos deixa cansados — o que é o niilismo hoje, senão *isso*?... Estamos cansados do *ser humano*...

13

— Mas vamos voltar um pouco: a questão da *outra* origem do "bom", do bom tal como foi imaginado pelo ressentido, exige uma conclusão. Não nos causa surpresa que os cordeiros estejam zangados com as grandes aves de rapina; mas não há nenhum motivo para censurá-los quando pegam os carneirinhos menores. E quando os cordeiros dizem entre si: "Essas aves de rapina são más"; "e aquele que não é tão ave de rapina", porém muito mais seu oposto, um cordeiro — não deveria ser "bom"? Assim, não há nada a contestar nessa colocação de um ideal, mesmo que as aves de rapina olhem um pouco irônicas e talvez digam: "Não estamos zangadas com eles, esses bons cordeiros, até os amamos; nada é mais saboroso do que um cordeiro macio". — Exigir da força que ela *não* se expresse como força, que ela *não* queira dominar, *não* queira derrubar, que ela não queira ser o senhor, com uma enorme sede de inimigos, resistências e triunfos, é tão absurdo quanto exigir da fraqueza que se expresse como força. Um *quantum* de força é um mesmo *quantum* de instinto, vontade, atuação — muito mais, não é outra coisa além de justamente esse agir, querer, atuar em si, e apenas pode aparecer de outra forma sob o aliciamento da linguagem (e os enganos básicos da razão petrificados nela) que entende e entende mal toda a atuação como condicionada por um "sujeito" atuante. Ou seja, da mesma forma como o povo separa o raio da sua capacidade de iluminar, considerando esta última como um *fazer*, como o efeito de um sujeito que se chama raio, assim a moral do povo também separa a força das expressões de força, como se atrás daquele que é forte existisse um substrato indiferente, que *estaria livre* para expressar ou não a força. Mas não existe um substrato como esse; não existe um "ser" por trás do fazer, do agir, do vir a ser; o "autor" é apenas acoplado ao fazer — o agir é tudo. Basicamente o povo duplica o "fazer": ele define o mesmo evento de dois modos: uma vez como causa, e depois mais uma vez como seu efeito. Os pesquisadores das ciências naturais não fazem melhor quando dizem: "a força move, a força causa", e coisas assim; toda nossa ciência ainda está de pé, apesar da sua frieza, da sua liberdade de afeto, sob o aliciamento da linguagem, e não se livrou dos monstros imputados a ela, os "sujeitos" (o átomo, por exemplo, é um monstro desses, assim como a "coisa em si" de Kant[45]); não é surpreendente que os ardentes afetos reprimidos, escondidos, da vingança e do ódio aproveitem essa crença para si mesmos, e basicamente

---

[45] Kant, em sua obra *A crítica da razão pura* (*Kritik der reinen Vernunft*), de 1781, afirma que os objetos considerados independentes das condições de reconhecimento do sujeito não podem ser reconhecidos por ele.

não mantenham nenhuma outra crença tão fervorosamente viva quanto aquela de que *o forte é livre* para ser fraco, e a ave de rapina, para ser cordeiro — com isso eles obtêm o direito de *imputar* à ave de rapina o fato de ela ser ave de rapina.... É quando os oprimidos, pisoteados, violentados se animam a deixar aquela astúcia vingativa da fraqueza: "deixem-nos ser diferentes dos maus, ou seja, bons! E bom é todo aquele que não violenta, não fere ninguém, não ataca, não revida, que deixa a vingança a cargo de Deus, que, como nós, mantém-se recolhido, sai do caminho de tudo o que é mau e no geral exige pouco da vida, como nós, os pacientes, humildes, justos". Friamente e sem preconceitos, isso nada mais significa do que: "nós, fracos, somos fracos; é bom quando não fazemos nada, pois *não somos fortes o bastante para fazer algo*". Mas esse grosseiro estado de coisas, essa sagacidade da mais baixa categoria, que até os insetos possuem (pois eles se fingem de mortos para não fazer coisas "demais" diante de um grande perigo), vestiu-se, graças àquela falsidade e aquele autoengano da impotência, com a pompa da virtude que induz à renúncia, ao silêncio e à espera, como se a fraqueza do próprio fraco — quer dizer, sua *essência*, sua atuação, toda a sua única realidade inevitável, inseparável — fosse um esforço voluntário, algo desejado, escolhido, enfim, um *feito*, um *ganho*. Esse tipo de gente *precisa* acreditar no "sujeito" indiferente, facultativo, a partir de um instinto de autopreservação, de autoafirmação, no qual toda mentira costuma consagrar-se. Talvez por isso o sujeito (ou, falando de um modo mais popular, a *alma*) tenha sido até agora na Terra a melhor das doutrinas, porque possibilitou ao grande número de mortais — os fracos e oprimidos de todo tipo — que aquele autoengano sublime explicasse a própria fraqueza como liberdade, e o seu modo de ser, como um *mérito*.

14

— Será que alguém não gostaria de dar uma olhada para cima e para baixo, para desvendar o mistério *da fabricação dos ideais* na Terra? Quem tem coragem para isso?... Vamos lá! Aqui, nessa fábrica escura, há uma ampla abertura para o olhar. Só espere mais um instante, ó senhor Curioso e Ousado: seu olhar precisa primeiro acostumar-se a essa luz falsa, reluzente... Assim! Já chega! Agora fale! O que está acontecendo lá embaixo? Expresse o que está vendo, homem da mais perigosa curiosidade — agora sou *eu* quem escuta. —

— "Não vejo nada, só ouço um som baixo. É uma sorrateira, maliciosa falação a boca pequena e uma grande profusão de murmúrios de todos os cantos e esquinas. Parece-me que estão mentindo; há uma certa suavidade adocicada grudada em cada um dos sons. Dizem que fraqueza deverá ser mudada para *mérito* — mentindo-se, não há dúvida —, é tudo como o senhor disse." —

— Continue!

— "E a impotência que não revida deverá ser mudada para 'bondade'; a inferioridade temerosa para 'humildade'; a submissão diante daqueles que odiamos, para 'obediência' (ou seja, diante de alguém do qual dizem que ordena essa submissão — eles o chamam de Deus). O caráter inofensivo do fraco, a própria covardia que ele possui em abundância, seu 'permanecer à porta', seu inevitável 'ter de esperar' assume ali uma boa denominação — ele passa a se chamar 'paciência', e também 'virtude'; o 'não poder vingar-se' chama-se 'não querer vingar-se', talvez até 'perdão' ('pois *eles* não sabem o que fazem[46] — apenas nós sabemos o que *eles* fazem!'). Também estão falando do 'amor aos inimigos' — e, ao dizer isso, eles suam."

— Continue!

— "São miseráveis, não há dúvida, todos esses faladores e falsários, mesmo sentados juntos confortavelmente — mas eles me dizem que sua miséria é uma escolha e uma distinção de Deus, que costumamos surrar os cães dos quais gostamos mais; talvez essa miséria também seja uma preparação, um teste, um aprendizado, talvez seja algo mais — algo que um dia será compensado e pago com juros elevadíssimos, em ouro, não! em felicidade. Isso é o que chamam de 'bem-aventurança'."

— Continue!

---

[46] "Senhor, perdoai-os, pois não sabem o que fazem!" é o pedido de perdão aos algozes, formulado por Jesus na cruz. (Lucas 23:34)

— "Agora eles me dão a entender que, não apenas são melhores do que os poderosos, os senhores da Terra, cujas salivas eles precisam lamber (*não* por medo, de modo algum por medo, mas porque Deus ordena que respeitem toda autoridade[47]) — e que eles não só são melhores, mas também 'estão em condição melhor', em todo caso, um dia estariam em condições melhores. Mas chega! Chega! Não suporto mais! Que ares ruins! Que ares ruins! Essas fábricas, onde se *fabricam ideais* — acho que fedem com tantas mentiras!"

— Não! Só mais um instante! O senhor ainda não disse nada sobre as obras-primas desses magos negros, que produzem o branco, o leite e a inocência a partir de tudo que é negro — o senhor não percebeu qual é a perfeição no refinamento deles, seu toque artístico mais ousado, fino, espirituoso, mentiroso? Preste atenção! Esses animais subterrâneos cheios de desejo de vingança e ódio — o que estão fazendo por vingança e ódio? O senhor ouviu essas palavras? Caso acredite nas palavras que estão dizendo, o senhor imaginaria que se encontra entre muita gente ressentida?...

— "Eu entendo, vou abrir mais uma vez os ouvidos (ó, ó, ó, e *fechar* o nariz). Só agora ouço o que dizem com tanta frequência: 'Nós somos os bons — *nós somos os justos*' — o que eles exigem, não o chamam de retaliação, mas de 'triunfo da *justiça*'; o que odeiam

[47] "Todos devem submeter-se à autoridade..." (Carta aos Romanos, 13:1)

não é o inimigo, não! Eles odeiam a '*injustiça*', a 'ausência de Deus'; não acreditam na vingança, nem a esperam, essa embriaguez da doce vingança (— 'mais doce que o mel' — já a chamava Homero), mas, sim, a vitória de Deus, do Deus *justo*, sobre os ateus; o que resta na Terra para ser amado não são seus irmãos no ódio, mas seus 'irmãos no amor', como dizem todos os bons e justos da Terra."

— E como chamam aquilo que lhes serve de consolo contra todo o sofrimento da vida — a ilusão de uma antecipação da bem-aventurança futura?

— "Como? Estou ouvindo direito? Eles chamam isso de 'Juízo Final', a vinda do *seu* reino, do 'Reino de Deus'[48] — mas *enquanto isso* vivem 'na fé', 'no amor', 'na esperança'."

— Chega! Chega!

15

Na fé em quê? No amor pelo quê? Na esperança do quê? — Esses fracos — em algum momento *eles* também terão a pretensão de ser fortes, não há dúvida, em algum momento o *seu* "reino" também deverá chegar — "o reino de Deus", como é chamado por eles, por assim dizer; — somos tão humildes em tudo! Só que para vivenciarmos *isso* precisamos viver muito tempo, para além da morte — sim, precisamos

[48] "No Reino de Deus..." Mateus 4:17 e 6:10.

da vida eterna, para que possamos também nos compensar eternamente no "reino de Deus" por essa vida na Terra, "na fé, no amor, na esperança". Compensar-nos para quê? Por meio do quê?... Penso que Dante[49] enganou-se grosseiramente quando, com uma ingenuidade assustadora, colocou sobre o portão do seu inferno aquela inscrição "eu também fui gerado pelo amor eterno": — porém teria sido mais justo se, sobre o portão do paraíso cristão com sua "bem-aventurança eterna", estivesse colocada a inscrição "mas o ódio eterno também a mim gerou" — pressupondo-se que uma verdade pudesse estar escrita sobre o portão que leva a uma mentira! Pois o que é a "bem-aventurança" daquele paraíso?... Até poderíamos adivinhar isso; mas seria melhor que uma autoridade nada desprezível nessas coisas, Tomás de Aquino,[50] o grande mestre e santo, afirme isso expressamente. "Beati in regno coelesti", diz ele, brando como um cordeiro, "videbunt poenas damnatorum, *ut beatitudo illis magis complaceat*."[51] Ou, se quisermos ouvir isso num tom mais forte, talvez da boca de um triunfante Padre

---

[49] Dante Alighieri (1265–1321), poeta italiano, autor de *A Divina Comédia*.

[50] Tommaso d'Aquino (1225–1274), como também é conhecido, foi um frade italiano da Ordem dos Pregadores (dominicano). Sua obra mais conhecida é a *Suma Teológica*. Ele propôs uma teologia natural, e criou o tomismo, a filosofia escolástica, que visa a conciliar o aristotelismo com o cristianismo.

[51] Do latim, "Os bem-aventurados no reino dos céus poderão ver o castigo dos condenados, assim apreciarão mais a sua própria bem-aventurança".

da Igreja,[52] que desaconselhava aos seus cristãos as terríveis volúpias dos espetáculos públicos — mas por quê? "A fé nos oferece muito mais" — diz ele, em *De spectaculis*. cap. 29 ss.[53] "*Algo bem mais forte*; graças à redenção, alegrias bem diferentes nos são oferecidas; em vez dos atletas temos nossos mártires; se quisermos sangue, temos o sangue de Cristo... Mas o que nos aguarda no dia do seu retorno, do seu triunfo!" — E assim ele continua, o enlevado visionário: "At enim supersunt alia spectacula, ille ultimus et perpetuus judicii dies, ille nationibus insperatus, ille derisus, cum tanta saeculi vetustas et tot ejus nativitates uno igne haurientur. Quae tunc spectaculi latitudo! *Quid admirer! Quid rideam! Ubi gaudeam! Ubi exultem,* spectans tot et tantos reges, qui in coelum recepti nuntiabantur, cum ipso Jove et ipsis suis testibus in imis tenebris congemescentes! Item praesides (os governadores provinciais) persecutores dominici nominis saevioribus quam ipsi flammis saevierunt insultantibus contra Christianos liquescentes! Quos praeterea sapientes illos philosophos coram discipulis

---

[52] No caso, Nietzsche refere-se a Tertuliano. Quintus Septimius Florens Tertullianus (c. 150–220) nasceu em Cartago, uma província romana na África. Foi o primeiro autor cristão a produzir uma obra literária em latim. Ao fim da vida tornou-se adepto do Montanismo, um movimento cristão fundado por Montano em comunidades da Ásia Menor, Roma e Norte da África, cujos adeptos afirmavam ouvir a voz do Espírito Santo, e durante seus êxtases anunciavam o iminente fim do mundo, com o posterior surgimento de uma nova era cristã.

[53] *Sobre os espetáculos*, capítulo 29 ss (na verdade é o capítulo 30).

suis una conflagrantibus erubescentes, quibus nihil ad deum pertinere suadebant, quibus animas aut nullas aut non in pristina corpora redituras affirmabant! Etiam poëtàs non ad Rhadamanti nec ad Minois,[54] sed inopinati Christi tribunal palpitantes! Tunc magis tragoedi audiendi, magis scilicet vocales (melhor a voz, mais irados os gritos) in sua propria calamitate; tunc histriones cognoscendi, solutiores multo per ignem; tunc spectandus auriga in flammea rota totus rubens, tunc xystici contemplandi non in gymnasiis, sed in igne jaculati, nisi quod ne tunc quidem illos velim vivos, ut qui malim ad eos potius conspectum *insatiabilem* conferre, qui in dominum desaevierunt. 'Hic est ille', dicam, 'fabri aut quaestuariae filius' (como tudo que se segue, e especialmente também como mostra essa conhecida designação da mãe de Jesus, tirada do Talmud, Tertuliano refere-se, daqui em diante, aos judeus), 'sabbati destructor, Samarites et daemonium habens. Hic est, quem a Juda remistis, hic est ille arundine et colaphis diverberatus, sputamentis dedecoratus, felle et aceto potatus. Hic est, quem clam discentes subripuerunt, ut resurrexisse dicatur vel hortulanus detraxit, ne lactucae suae frequentia commeantium laederentur.' Ut talia spectes, *ut talibus exultes*, quis tibi praetor aut consul aut quaestor aut sacerdos de sua liberalitate praestabit?

[54] Segundo a mitologia grega, Radamanto e Minos eram dois irmãos, reis de Creta, que depois de mortos foram enviados ao submundo para servirem como juízes.

Et tamen haec jam habemus quodammodo *per fidem* spiritu imaginante repraesentata. Ceterum qualia illa sunt, quae nec oculus vidit nec auris audivit nec in cor hominis ascenderunt? (I. Cor. 2:9) Credo circo et utraque cavea (primeira e quarta categorias, ou, segundo outros, palco cômico e trágico) et omni stadio gratiora. — *Per fidem*: assim está escrito.[55]

---

[55] Do latim, "Restam outros espetáculos: aquele último e perpétuo dia do Juízo Final, não esperado pelos povos (pagãos), o escarnecido, no qual o mundo inteiro e tudo o que ele produziu é queimado numa única fogueira. Que enorme quantidade de espetáculos haverá ali! De quanta coisa eu poderei espantar-me, de quanta coisa poderei dar risada! Como eu me alegrarei, como ficarei contente ao ver tantos reis, dos quais foi dito que teriam sido acolhidos no céu, como se queixam com o próprio Júpiter e seus testemunhos na mais profunda escuridão. Da mesma forma os administradores (governadores provinciais) os seguidores do nome do Senhor, se desfazem nas chamas enfurecidas como aquelas com as quais eles se enfureciam contra os cristãos. E quais outros? Aqueles sábios filósofos diante dos seus alunos, com quem ardem, todos juntos, e aos quais convenceram que Deus não toca em nada, e aos quais garantiram que a alma não existe, ou que ela não retorna ao antigo corpo. Os poetas também não tremem diante de Radamanto ou de Minos, mas dos inesperados julgamentos de Cristo. No caso, ouvem-se melhor os poetas de tragédias, em suas vozes mais fortes, entenda-se, em suas próprias desgraças; então pode-se conhecer os atores, pois tornaram-se bem mais frouxos com o fogo; depois, podemos ver o condutor do carro, na roda de fogo; depois podemos observar os atletas, não em seus espaços de atuação, mas sendo atirados ao fogo — apesar de eu também não querer vê-los, prefiro dirigir o olhar insaciável àqueles que se enfureceram contra o Senhor (com palavras como): 'Aqui é agora', eu diria, 'este filho do carpinteiro e da mulher venal (meretriz), do destruidor do sabá, o samaritano que tem o diabo no corpo. Ele é aquele que vocês compraram de Judas, é aquele fustigado por golpes de vara e por socos, sujo de saliva, embebido na bílis e no vinagre'. É aquele que (supostamente) foi roubado em segredo por seus discípulos, para que depois eles pudessem dizer que ele ressuscitou,

16

Vamos concluir. Os dois valores *opostos* "bom e ruim", "bom e mau" travaram um combate terrível na Terra, que durou milênios; e tão certo quanto dizer que há muito tempo o segundo valor tem-se mantido na supremacia, também não faltam lugares em que o combate prossegue indefinido. Poderíamos até dizer que, enquanto isso, ele cresceu cada vez mais, e justamente por isso tornou-se cada vez mais profundo, cada vez mais espiritual; a ponto de hoje talvez não haver nenhum símbolo mais decisivo de uma "*natureza elevada*", de uma natureza espiritual, como aquela cisão no sentido mencionado acima, e que seja de fato ainda um local de combate para aqueles opostos. O símbolo desse combate, descrito num texto que permanece legível até hoje, para além de toda a história da humanidade, chama-se "Roma contra Judeia, Judeia contra Roma" — até agora não existiu um evento maior do que *esse* combate, *esse* questionamento, *essa* contradição tão mortalmente hostil. Roma sentia no judeu algo como a antinatureza

---

ou aquele que o jardineiro levou embora para que suas hortaliças não fossem destruídas pela multidão que afluiria ao local para vê-lo! Por você ter visto isso, por se alegrar com isso, qual o pretor ou cônsul ou questor ou sacerdote (pagão) que poderia dar-lhe isso de presente? Mesmo assim, já concretizamos essa ideia, de certo modo por meio da fé no espírito. E de resto: de que tipo são essas coisas que os olhos não viram nem os ouvidos ouviram, e que chegaram ao coração das pessoas? Acredito que são mais bem-vindos do que o circo e ambos os teatros juntos (tragédia e comédia), e qualquer estádio. Assim está escrito".

em si, ao mesmo tempo seu monstro antípoda; em Roma o judeu era "acusado de sentir ódio por toda a espécie humana": e com razão, à medida que se tem o direito de ligar a saúde e o futuro da espécie humana ao absoluto domínio dos valores aristocráticos, dos valores romanos. Por outro lado, o que os judeus sentiram contra Roma? Podemos adivinhá-lo por meio de mil sinais; mas é o bastante apreciarmos novamente o *Apocalipse* de João, esse mais devastador de todos os arrebatamentos escritos, que possui a vingança na sua consciência. (Não se deve subestimar a profunda lógica do instinto cristão, quando se deu justamente a este livro do ódio o nome do apóstolo do amor, o mesmo a quem se atribuiu aquele evangelho intenso, apaixonado —: por mais falsidade literária que se tenha necessitado para esse fim, há um pedaço de verdade nele.) Afinal, os romanos eram os fortes e nobres, como nunca houve na Terra mais fortes e nobres, nem mesmo em sonhos; qualquer resquício deles, qualquer inscrição deles encanta, supondo-se que adivinhemos *quem* a escreve. Inversamente, os judeus eram aquele povo sacerdotal do ressentimento *par excellence*, a quem era inerente uma genialidade popular-moral sem igual; comparemos a eles os povos de dotes semelhantes, talvez os chineses ou os alemães, para percebermos quais são os de primeira ou de quinta categoria. Por enquanto, qual deles foi o *vencedor*, Roma ou a Judeia? Não há dúvida nenhuma: mesmo assim, ponderemos, diante de quem nos inclinamos hoje em Roma, a não ser diante da síntese de todos os valores mais elevados — e não apenas em Roma, mas em quase toda a metade da Terra, em todos os lugares em que o ser humano tornou-se manso ou pretende tornar-se manso —, diante de *três judeus*, como sabemos, e *uma judia* (diante de Jesus de Nazaré, do pescador Pedro, do tecelão de tapetes Paulo e da mãe daquele inicialmente chamado de Jesus, denominada Maria). Isso é muito estranho; sem qualquer dúvida Roma foi subjugada. Além disso, na Renascença houve um reluzente e inquietante renascimento do ideal clássico, de uma forma de valorização aristocrática de todas as coisas; a própria Roma comportava-se como uma morta aparente, desperta sob a pressão da nova Roma judaizada, construída sobre a antiga Roma, e com o aspecto de uma sinagoga ecumênica denominada "Igreja". Mas imediatamente a Judeia triunfou outra vez graças àquele movimento basicamente plebeu (alemão e inglês) do ressentimento, que é chamado de Reforma, somado ao que se seguiria a ele, a restauração da Igreja — inclusive a restauração da antiga tranquilidade sepulcral da Roma clássica. Com a Revolução Francesa a Judeia alcançou novamente a vitória sobre o ideal clássico, num sentido até mais decisivo e profundo do que antes: a última nobreza política que surgiu na Europa, aquela dos séculos XVII e XVIII *franceses*, fracassou sob os instintos populares do ressentimento — nunca na Terra se ouviu um júbilo maior, um entusiasmo mais ruidoso! Porém no meio de tudo isso aconteceu o mais monstruoso e inesperado: o antigo ideal surgiu *encarnado* e com uma imensa pompa diante dos olhos e da consciência da humanidade — e, diante do ressentimento, da antiga senha da mentira dos *direitos da maioria*, da vontade ao rebaixamento, à inferioridade, ao nivelamento, à descida e ao ocaso do ser humano, ressoou novamente mais forte, mais simples, mais enérgica do que nunca a terrível e arrebatadora contrassenha do *direito da minoria*! Como uma última indicação a *um outro* caminho surgiu Napoleão, aquele homem mais isolado e temporão que jamais houve e, nele, o problema encarnado do *ideal nobre em si* — podemos até imaginar *que* problema é esse: Napoleão, essa síntese de ser *inumano* e *supra-humano*...

17

— Será que com isso tudo acabou? Será que com isso aquela oposição de ideais, a maior de todas, foi colocada *ad acta*[56] para todos os tempos? Ou apenas adiada, adiada por muito tempo?... Será que em algum momento não ocorreria um ressurgimento da antiga fogueira, muito mais terrível, muito mais longamente preparada? Mais ainda: será que não se deveria desejar justamente *isso*? Não se deveria querer? Não se deveria fomentar?... Nesse ponto quem, como meus leitores, começar a pensar, continuar a pensar, dificilmente chegará logo ao final — motivo suficiente para eu

[56] Do latim, "arquivado", "registrado nos autos".

mesmo chegar ao final, pressupondo que há muito tempo ficou bastante claro o que *eu quero*, o que eu quero com aquele perigoso lema escrito no corpo do meu último livro: "*Além do bem e do mal*"... Ao menos ele *não* se chama "Além do bom e do ruim". —

Nota: Aproveito a oportunidade a mim oferecida por este ensaio para expressar pública e formalmente um desejo, expresso por mim até agora apenas em conversas eventuais com eruditos: de que alguma faculdade de filosofia tenha o mérito de se destacar por meio da abertura de uma série de concursos acadêmicos visando ao fomento de estudos sobre o *histórico da moral*: — talvez este livro sirva para dar um forte impulso justamente nessa direção. Com referência a uma possibilidade desse tipo, sugiro a pergunta a seguir: ela merece tanto a atenção de filólogos e historiadores quanto a de eruditos filósofos profissionais.

"Que indicações nos oferece a ciência da linguagem, especialmente a pesquisa etimológica, para a história do desenvolvimento dos conceitos morais?

— Por outro lado naturalmente também é necessário conquistar o engajamento de fisiologistas e médicos nesses problemas (as questões do *valor* dos juízos de valor praticados até hoje): além do que se deve atribuir aos filósofos especializados, também neste caso em particular, a função de defensores e mediadores, depois que, no geral, eles tenham conseguido transformar a relação originalmente tão frágil, tão desconfiada, entre filosofia, fisiologia e medicina, no mais amistoso e frutífero dos intercâmbios. Na prática, todas as tabelas de virtudes, todas as "você deve", das quais a história ou a pesquisa etnológica tem conhecimento, precisam primeiro de uma interpretação e um esclarecimento *fisiológicos*, em todo caso mais do que psicológicos; todos, igualmente, esperam uma crítica por parte das ciências médicas. A pergunta: quanto *vale* esta ou aquela tabela de virtudes, ou esta ou aquela "moral", é colocada sob as mais diversas perspectivas; não conseguimos explicar de forma suficientemente detalhada o "valor *para quê?*". Por exemplo, algo que visivelmente teria muito valor para a capacidade de sobrevivência de uma raça (ou para o aumento de suas forças de adaptação a um determinado clima, ou para a sobrevivência do maior número de indivíduos) não teria de modo algum o mesmo valor, caso se tratasse da promoção de um tipo mais forte. Quanto ao valor, o bem-estar da maioria e o bem-estar da minoria são pontos de vista opostos: considerar o primeiro como de maior valor *em si* é algo que queremos deixar a cargo da ingenuidade dos biólogos britânicos... A partir de agora todas as ciências devem preparar de antemão a tarefa futura do filósofo: uma tarefa entendida como a resolução, pelo filósofo, *do problema dos valores*, a *determinação da hierarquia dos valores*. —

SEGUNDO ENSAIO

"CULPA", "CONSCIÊNCIA PESADA" E AFINS

1

Criar um animal, que *pode prometer* — será que não é justamente a tarefa paradoxal que a natureza atribuiu a si mesma em relação ao ser humano? Não é esse o verdadeiro problema *do* ser humano?... O fato de esse problema estar solucionado, até em alto grau, deve parecer mais espantoso para aquele que sabe valorizar a força que atua contrariamente a isso, a do *esquecimento*. O esquecimento não é uma simples *vis inertiae*[1] como creem os superficiais, ela é muito mais um fator de inibição, com a atribuição de permitir que só penetre na nossa consciência o que foi por nós vivenciando e experimentado, na condição de uma digestãos (poderíamos chamá-lo de incorporação anímica) como todo o processo complexo pelo qual se dá

[1] Veja a nota 2 do primeiro ensaio.

nossa alimentação, ou "incorporação" física.[2] As portas e janelas da consciência fecham-se temporariamente, para não sermos molestados pelo barulho e pela luta com os quais nosso submundo de órgãos serviçais trabalha para nós e entre eles; um pouco de silêncio, um pouco de *tabula rasa* da consciência, para que se abra espaço para o novo, sobretudo para as funções e os funcionários mais nobres, para governar, prever, predeterminar (pois nosso organismo é organizado oligarquicamente) — essa é a utilidade do, por assim dizer, esquecimento ativo, como um porteiro vigilante, um mantenedor da ordem da alma, da tranquilidade, da etiqueta: com isso, podemos ver imediatamente até que ponto jamais poderia existir felicidade, nem serenidade, nem esperança, nem orgulho em o momento *presente,* sem o esquecimento. O ser humano que tem um aparato de inibição danificado e que falha pode ser comparado a um dispéptico (e não apenas comparado) — ele não consegue "concluir" nada...[3] Justamente esse animal que necessariamente esquece, no qual o esquecimento representa *uma força*, uma forma de saúde, cultivou uma capacidade contrária, uma memória, que em certos casos o ajuda a suspender

---

[2] A "incorporação" (*Einverleibung*) é o termo usado por Nietzsche no sentido de uma "assimilação" (no caso, do alimento pelo corpo) e como ele cria uma analogia com a "incorporação (ou assimilação) na alma".

[3] A expressão em alemão "*fertig werden*" significa, "conseguir concluir algo", "conseguir lidar com algo"; no caso, Nietzsche faz uma analogia com o processo digestivo, pois um indivíduo dispéptico é aquele que tem dificuldades digestivas.

o esquecimento — ou seja, para aqueles casos em que se deve prometer: mas de modo algum ter apenas um sentimento de passividade, aquele sentimento de "não conseguir livrar-se" da impressão que ficou gravada, e tampouco uma indigestão com a palavra empenhada, com a qual "não se consegue lidar", mas um ativo "não *querer* livrar-se", um "continuar querendo" o que se quis um dia, uma verdadeira *memória da vontade*. Assim, entre o primeiro "eu quero", "eu vou fazer" e a efetiva descarga da vontade, o seu *ato*, pode-se introduzir despreocupadamente um mundo de novas coisas, circunstâncias, até ações da vontade desconhecidas, sem que essa longa cadeia da vontade se rompa. Mas o que isso tudo pressupõe! Para poder dispor desse modo sobre o futuro, o ser humano precisa aprender primeiro a separar o acontecimento necessário do causal, a pensar de forma causal, a ver o que está distante do mesmo modo que vê o que está próximo e antecipar o que é meta e o que é meio para isso, poder adicioná-lo com segurança, e no geral saber calcular, somar — para isso o ser humano deverá primeiro tornar-se *previsível, regular, necessário*, inclusive para ele mesmo, para a sua própria imaginação, para finalmente, desse modo, como o faz alguém que promete, poder garantir-se como um *futuro*!

2

Justamente essa é a longa história da origem da *responsabilidade*. Essa tarefa de criar um animal que possa prometer, como já entendemos, implica, como condição e preparação, a tarefa seguinte, a de primeiro *tornar* o ser humano, até um certo grau, necessário, uniforme, igual entre iguais, regular e, portanto, previsível. O imenso trabalho daquilo que chamei de "moralidade dos costumes" — o verdadeiro trabalho do ser humano em si mesmo, no mais longo período da espécie humana, todo o seu trabalho *pré-histórico*, possui nisso o seu sentido, sua grande justificativa, por mais que possua inerente muita dureza, tirania, estupidez e idiotismo: o ser humano foi realmente *tornado* previsível com a ajuda da moralidade dos costumes e da camisa de força social. Vamos colocar-nos no final desse colossal processo, ali onde finalmente a árvore produz os seus frutos, onde a sociedade e sua moralidade dos costumes finalmente revelam *para o que* ela foi apenas um meio: então, como a fruta mais madura da árvore, encontraremos o *indivíduo soberano*, que não só é igual a si mesmo, o indivíduo liberto da moralidade dos costumes, autônomo, acima da moral (pois "autônomo" e "moral" se excluem), em suma, o ser humano de vontade própria independente que *pode prometer* — e uma consciência orgulhosa, com toda a sua musculatura ativa, consciente do que afinal foi conquistado e incorporou-se nele, uma verdadeira consciência de poder e liberdade, uma sensação de realização do ser humano em geral. Esse ser liberto, que de fato *pode* prometer, esse dono de um *livre-arbítrio*, esse soberano — como poderia não saber quanta superioridade possui de antemão diante de tudo, ao saber o que não pode prometer e o que pode garantir a si mesmo, quanta confiança, quanto medo, quanto respeito ele inspira — ele "*merece*" todos os três — e como necessariamente lhe foi dado todo esse domínio sobre si mesmo, inclusive o domínio sobre as circunstâncias, sobre a natureza e todas as criaturas menos confiáveis e menos dotadas de vontade? O ser humano "livre", o dono de uma longa e inquebrantável vontade, tem nessa posse também sua *medida de valor*: olhando para o outro a partir de si mesmo, ele respeita ou despreza; e da mesma forma que necessariamente ele respeita seus iguais, os fortes e confiáveis (aqueles que *podem* prometer) — portanto, qualquer um que promete como um soberano, de forma lenta, difícil e rara, precavido com sua confiança, que *seleciona* em quem confiar, que dá sua palavra como algo em que se pode confiar, porque sabe ser forte o suficiente para manter-se aprumado até mesmo contra os acidentes, "contra o destino" —: da mesma forma, necessariamente ele manterá de prontidão seu chute nos magros cães que prometem sem poderem fazê-lo, e seu chicote contra os mentirosos que não cumprem sua palavra, no mesmo instante em que a pronunciam. O orgulhoso conhecimento do extraordinário privilégio da *responsabilidade*, a consciência dessa rara liberdade, desse poder sobre si e o destino, mergulhou, nele, até o nível mais profundo, tornando-se um instinto, um instinto dominante — como ele o chamará, esse instinto dominante, pressupondo-se que ele precisa de uma palavra para isso? Não há dúvida: esse ser humano soberano o chama de *sua consciência*...

3

Sua consciência?... Pode-se adivinhar que o conceito "consciência", que encontramos aqui em sua máxima, quase surpreendente configuração, possui atrás de si uma longa história e uma longa transformação. Por quanto tempo uma fruta verde e ácida precisou permanecer pendurada na árvore, para poder confiar em si com orgulho, portanto, também *poder dizer sim a si mesma* — isto é, por assim dizer, chegar a ser uma fruta madura, mas também uma fruta *tardia*! E, por um tempo mais longo ainda, não se via nada dessa fruta na árvore — ninguém poderia prometê-la, por mais certa que fosse toda aquela preparação na árvore para ela e o seu nascimento! — "Como se produz uma memória no animal homem? Como, nessa razão momentânea, em parte estúpida, em parte esgarçada, nesse esquecimento incorporado, conseguimos imprimir algo que permaneça sempre presente?"... Esse problema tão antigo não foi solucionado com palavras e meios exatamente delicados, como imaginamos; talvez não exista algo mais terrível e assustador em toda a pré-história do ser humano do que sua *mnemotécnica*.[4] "Gravamos algo com fogo, para que permaneça na memória: mas só aquilo que não *para de doer* permanece nela" — este é um axioma da mais antiga (infelizmente também mais longa) psicologia

---

[4] Trata-se de uma técnica de memorização, de retenção de algo na memória.

da Terra. Podemos até dizer que, em todos os lugares da Terra em que ainda existem alegria, seriedade, mistério, tonalidades sinistras na vida do ser humano e do povo, ainda existe um *efeito residual* do horror com que, antigamente, em todos os lugares da Terra, algo foi prometido, empenhado, louvado: o passado, o mais longo, profundo e duro passado nos ameaça e flui pelo nosso corpo acima, quando nos tornamos "sérios". Sempre que o ser humano considerou necessário manter algo na memória, isso nunca aconteceu sem sangue, mártires ou vítimas; os mais terríveis sacrifícios e renúncias (dos quais fazem parte as oferendas das primícias[5]), as mais repulsivas mutilações (por exemplo, as castrações), as formas mais cruéis de ritual em todos os cultos religiosos (e todas as religiões são, na sua base, sistemas de crueldades) — tudo isso possui sua origem naqueles instintos que revelaram, na dor, o mais poderoso recurso da mnemônica. Num certo sentido, todo o ascetismo faz parte disso: algumas ideias devem ser "fixadas" indelevelmente, tornarem-se onipresentes, inesquecíveis, com o propósito da hipnose de todo o sistema nervoso e intelectual por meio dessas "ideias fixas" — e os procedimentos

---

[5] A oferenda das primícias tinha um grande significado no antigo Oriente, o primeiro fruto de uma árvore e a primeira cria de um animal eram oferecidos aos deuses como gratidão pela fertilidade e acompanhados de pedidos de bênçãos futuras. Isso acontecia no âmbito de refeições cerimoniais que dispensavam a presença de sacerdotes, pois o patriarca da família podia realizar a cerimônia. Mais tarde essas oferendas começaram a ser feitas diretamente ao sacerdote, para garantir a sua subsistência.

e estilos de vida ascéticos são meios para evitar que aquelas ideias concorram com todas as outras ideias, isto é, meios para torná-las "inesquecíveis". Quanto pior a "memória" da humanidade, mais terrível era o aspecto dos seus costumes; o rigor das leis punitivas nos fornece especialmente uma dimensão de quanto esforço foi necessário para vencer o esquecimento e *manter presentes* nesse escravo momentâneo, apenas algumas exigências primitivas de convivência social. Certamente nós, alemães, não nos consideramos um povo especialmente cruel e de coração duro, e menos ainda especialmente leviano e irresponsável; mas basta examinarmos nossas antigas ordens punitivas para percebermos quanto esforço é preciso para se criar um "povo de pensadores" (quer dizer: o povo da Europa, no qual ainda hoje pode-se encontrar o máximo de confiança, seriedade, falta de gosto e pragmatismo, e que, com essas características, possui o direito de criar todo tipo de mandarins da Europa). Esses alemães construíram uma memória com meios terríveis, para dominarem seus instintos básicos mais vulgares e sua grosseria brutal. Lembremos dos antigos casstigos alemães, como por exemplo o apedrejamento (— diz o mito que a pedra de mó era solta sobre a cabeça do culpado), a roda da morte[6] (a invenção e

[6] A roda de despedaçamento, roda de Santa Catarina ou apenas roda da morte era utilizada nas penas capitais desde a Antiguidade, em execuções públicas, e até o século XIX na Alemanha. Os condenados eram amarrados sobre a roda com seus membros esticados sobre os raios dela, e depois eram quebrados com maças e martelos.

especialidade mais peculiar do gênio alemão no campo da punição!), o pilar ou poste de punição,[7] o dilaceramento ou pisoteamento por cavalos (o "esquartejamento"), o mergulho do criminoso no óleo ou no vinho fervente (ainda nos séculos XIV e XV), o tão apreciado esfolamento[8] ("corte de correias"), o corte da carne do peito; outro procedimento consistia em lambuzar o malfeitor com mel e deixá-lo às moscas sob o sol ardente. Com ajuda de tais imagens e procedimentos guardam-se na memória cinco, seis "eu não quero", expressos contra uma *promessa* de viver sob as vantagens da sociedade — e, de fato!, com a ajuda desse tipo de lembrança finalmente chegou-se "à razão"! — Ah, a razão, a seriedade, o domínio sobre os afetos, toda essa coisa sinistra que se chama pensar, todos esses direitos e ostentações do ser humano: como custaram caro! Quanto sangue e horror há na base de todas as "coisas boas"!...

---

[7] Chamado de "pelourinho" no Brasil, era um poste ou um pilar num espaço público em que o condenado era acorrentado ou amarrado, e sofria todo tipo de agressões e humilhações por parte dos transeuntes, que inclusive podiam atirar objetos e pedras nele. Nos delitos mais graves ele era chicoteado e depois abandonado à própria sorte, a mercê da fome e da sede, até morrer.

[8] O esfolamento da pessoa viva era uma punição muito utilizada na Antiguidade, desde o tempo dos assírios. Foi utilizado no martírio do apóstolo Bartolomeu (canonizado posteriormente). Na Alemanha medieval os cortes eram feitos em tiras, com uma faca, como as tiras de couro feitas pelos seleiros, por isso, em alemão, o procedimento também é chamado de "corte de correias" (*Riemenschneiden*).

4

Mas como é que aquela outra "coisa sinistra", a consciência da culpa, toda a "consciência pesada" chegou ao mundo? — E com isso voltamos aos nossos genealogistas da moral. Repetindo — ou será que eu ainda não disse isso? — eles não valem nada. Possuem uma experiência própria de apenas cinco palmos, apenas "moderna"; nenhum conhecimento, nenhuma vontade de conhecer o passado, e menos ainda um instinto histórico, uma "segunda face" apenas necessária no caso — e mesmo assim ocupam-se da história da moral: isso só pode acabar com resultados cuja relação com a verdade não é só de fragilidade. Será que esses genealogistas da moral poderiam sonhar, só de longe, que, por exemplo, aquele importante conceito moral da "culpa" tem sua origem no conceito bastante material de "dívida"? Ou que a punição como *retaliação* desenvolveu-se totalmente à parte de todo o pressuposto sobre liberdade ou não liberdade da vontade? — e isso até o grau em que sempre se precisa primeiro de um elevado nível de humanização, para que o animal "ser humano" comece a fazer aquelas distinções muito mais primitivas de "proposital", "involuntário", "casual", "responsável" e seus opostos, e levá-las em conta no momento da atribuição da pena. Esse pensamento tão inevitável, agora tão comum e aparentemente tão natural, usado para o esclarecimento de como o sentimento de justiça surgiu na Terra, sustentando que "o criminoso merece um castigo, *porque* ele poderia agir de outro modo", de fato é uma forma mais refinada e tardia de julgamento e de pensamentos humanos: aquele que a transportar aos primórdios vai enganar-se redondamente com a psicologia da antiga humanidade. Por um longo período da história humana *não* se aplicaram punições, porque se responsabilizava o malfeitor pelos seus atos, portanto, *não* sob o pressuposto de que apenas o culpado deve ser punido — muito mais como ainda agora os pais punem seus filhos, pela raiva por algum dano sofrido, uma raiva que se manifestava sobre o autor do dano — porém uma raiva mantida em certos limites e modificada pela ideia de que todo dano teria seu *equivalente* em algum lugar e realmente podia ser compensado, até mesmo pela *dor* do próprio autor do dano. Mas de onde veio a força dessa ideia tão antiga, tão enraizada, talvez não mais exterminável, essa ideia de uma equivalência de dano e dor? Eu já adivinhei a resposta: foi na relação contratual entre o *credor e o devedor*, tão antiga quanto a existência do "sujeito de direito", que por seu lado novamente remonta às formas básicas de compra, venda, troca, comércio e mudança.

5

Como já se pode esperar desde o início, de acordo com o que foi observado antes, a representação dessas relações contratuais desperta muitas suspeitas e rejeições contra a humanidade mais antiga que a criou ou estabeleceu. Justamente nesse caso *promete-se*; justamente nesse caso trata-se de *produzir* uma memória naquele que promete; justamente nesse caso, como até podemos imaginar, haverá um sítio arqueológico para tudo que é duro, cruel, doloroso. Para instilar uma certa confiança em sua promessa de pagamento, para dar uma garantia de seriedade e santidade à sua promessa, para enfatizar em sua consciência o pagamento como um dever, uma obrigação, por força de um contrato com o credor, o devedor, caso não pague sua dívida, empenha algo que ainda "possui", algo sobre o que ele ainda tem o domínio, por exemplo, seu corpo, sua mulher, sua liberdade ou até sua vida (ou, sob determinados pressupostos religiosos, até mesmo sua bem-aventurança, a saúde de sua alma, e, por último, até a paz no seu túmulo. Era assim no antigo Egito, onde o cadáver do devedor não tinha sossego diante do credor nem mesmo no túmulo — justamente entre os egípcios havia algo além desse sossego). Mas principalmente o credor podia praticar todo tipo de humilhação e violação no corpo do devedor, por exemplo, cortar tantos pedaços quantos lhe parecessem adequados para o tamanho da dívida — e a partir desse ponto de vista eram feitas, com antecedência e em todos os lugares, estimativas que em parte chegavam terrivelmente aos mínimos detalhes, estimativas *vigentes, de maneira justa*, de cada um dos membros e partes do corpo. Considero já como um progresso, como prova de uma constituição mais livre, de um cálculo maior, *mais romano*, quando a legislação de doze tábuas de Roma[9] decretou que não importava o quanto os credores cortassem, se mais ou se menos, pois num caso como esse, "*si plus minusve secuerunt, ne fraude esto*".[10] Vamos esclarecer toda a lógica dessa forma de compensação: ela já é estranha o bastante. A equivalência é dada pelo fato de que, em lugar de uma vantagem direta oferecida para o pagamento do prejuízo (portanto, no lugar de uma compensação em dinheiro, terras ou propriedade de algum tipo) é atribuída ao credor uma espécie de sensação de *bem-estar*, como pagamento e compensação — o bem-estar da prerrogativa de exercer seu poder despreocupadamente sobre um impotente, a volúpia de "*faire le mal pour le plaisir de le faire*",[11] o prazer na violação: prazer esse mais valorizado quanto mais profunda e inferior for a posição do credor na ordem social, e mais fácil lhe parecer alcançar uma hierarquia superior, como se isso fosse um saboroso petisco, até mesmo uma prévia degustação. Por meio da "punição" ao devedor, o credor participa de uma *justiça dos senhores*: finalmente ele também alcança a sensação edificadora de poder desprezar e maltratar um ser como se ele fosse um "abaixo de si" — ou pelo

---

[9] A "lei das doze tábuas" (*Lex Duodecim Tabularum*), criada em 450 a.C., é uma antiga legislação romana, que está na origem do direito romano. Era adaptada à nova forma de governo, isso é, à república, ditando normas que eliminavam as diferenças de classes, em substituição às normas do período monárquico.

[10] Do latim, "se cortarem mais ou cortarem menos, tanto faz, contanto que não se tenha prejuízo".

[11] Do francês, "fazer o mal pelo simples prazer de fazê-lo".

menos, no caso de uma punição efetiva, real, em que a implementação da pena já ocorreu, pelos caminhos da "autoridade", quando então ele sente o prazer de *ver* o devedor desprezado e maltratado. A compensação consiste, pois, numa autorização para praticar a crueldade, e num direito de fazer isso. —

6

O mundo conceitual moral da "culpa", da "consciência", do "dever", da "sacralidade do dever" possui suas origens *nessa* esfera, portanto, no direito das obrigações — e, assim como o começo de todas as coisas grandiosas na Terra, seu começo foi por muito tempo e sistematicamente regado pelo sangue. E não deveríamos acrescentar que esse mundo basicamente nunca perdeu um certo cheiro de sangue e de tortura? (Até mesmo no velho Kant: o imperativo categórico cheira a crueldade...) Aqui também foi concretizada pela primeira vez aquela interligação sinistra das ideias de "culpa e sofrimento", e que talvez se tenha tornado indissolúvel. Perguntamos novamente: até onde o sofrimento pode ser uma compensação por "dívidas"? À medida que, em alto grau, *infligir* sofrimento faz bem, e o prejudicado trocou o prejuízo — somado ao desprazer por esse prejuízo — por um extraordinário prazer contrário: infligir o sofrimento; era uma verdadeira *festa*, algo que, por assim dizer, era mais louvado quanto mais contrariava a elevada classe e posição social do credor. E nisso supostamente, pois é difícil ver a base dessas coisas subterrâneas, além de ser constrangedor: e aquele que simplesmente coloca o conceito de "vingança" no meio encobre e obscurece ainda mais a visão em vez de deixá-la mais clara (— a própria vingança remete ao mesmo problema: "como fazer alguém sofrer pode trazer uma satisfação?"). Parece-me extremamente adverso à delicadeza, e mais ainda à tartufaria[12] de mansos animais domésticos (quero dizer, seres humanos modernos, ou seja, nós), imaginar, com toda força, até que ponto a *crueldade* constitui a grande festa da humanidade mais antiga, até mesmo misturada a quase todos os seus prazeres como um ingrediente; por outro lado, quão ingênua, quão inocente aparece sua necessidade de crueldade, quão sistematicamente justamente a "maldade desinteressada" (ou, falando com Spinoza, a *sympathia malevolens*[13]) é a ela agregada como uma característica *normal* das pessoas —: algo ao qual a consciência às vezes até *diz sim*, de todo o coração! Um olhar mais profundo talvez percebesse também hoje a existência dessa mais antiga e básica festividade das pessoas; no *Além do bem e do mal*, parágrafo 229, (e antes ainda, na "Aurora", parágrafo 18, 77, 113.) já mostrei cuidadosamente a sempre crescente espiritualização e "divinização" da crueldade, que se estende ao longo de toda a história da cultura superior (e, num sentido mais importante, até a constitui). Em todo caso, não faz

---

[12] Ver a nota 23 do Prólogo.
[13] Do latim, "simpatia malévola".

muito tempo que nem se podia pensar em casamentos aristocráticos e festas populares em grande estilo sem julgamentos, torturas ou talvez até "autos de fé",[14] e também em nenhuma família nobre sem seres nos quais se pudesse descarregar, despreocupadamente, toda maldade e zombaria cruel (— podemos nos lembrar de Dom Quixote[15] na corte da duquesa; hoje lemos todo o *Dom Quixote* com um gosto amargo na boca, quase como uma tortura, e assim pareceríamos muito estranhos, muito obscuros aos olhos do seu autor e seus contemporâneos — pois eles o liam com a consciência muito leve, como o mais alegre dos livros, quase morrendo de dar risada com ele). Ver o sofrimento faz bem, infligir o sofrimento faz mais bem ainda — esta é uma dura mas importante frase antiga, poderosa, humana, demasiado humana, que talvez até pudesse ter sido subscrita pelos macacos, pois costuma-se contar que eles anunciam aos seres humanos suas invenções de crueldades bizarras, e também as "representam" diante deles. Onde não há crueldade, não há: é o que ensina a mais antiga e longa história do ser humano — e inclusive no castigo, quanta *festividade*! —

---

[14] Autos de fé eram os julgamentos de hereges pela Inquisição, principalmente na Espanha e Portugal, mas também em outros países da Europa, promovidos pela Igreja Católica, em que os culpados eram condenados a morrer queimados na fogueira, caso não confessassem seus pecados e não jurassem fidelidade à fé católica.

[15] *Dom Quixote de la Mancha*, chamado de "cavaleiro da triste figura", é o personagem da principal obra homônima do escritor espanhol Miguel de Cervantes Saavedra (1547–1616).

7

— Com esse pensamento, diga-se de passagem, não pretendo de modo algum ajudar nossos pessimistas, jogando mais água nos moinhos dissonantes e rangedores das suas reclamações a respeito da vida; pelo contrário, deve-se atestar expressamente que na época, quando a humanidade ainda não se envergonhava de sua crueldade, a vida na Terra era mais alegre do que atualmente, em que há pessimistas. Em relação a isso, o turvamento dos céus aumentou muito, quando a vergonha das pessoas *diante das pessoas* cresceu. A cansada visão pessimista, a desconfiança diante do enigma da vida, o gélido *não* do asco pela vida — não são sinais da *pior era* da espécie humana: eles só surgem à luz do dia como as plantas do pântano, que só existem quando existe o pântano ao qual pertencem — quero dizer, a enfermiça amenização e moralização, graças às quais o animal "ser humano" finalmente aprende a sentir vergonha de todos os seus instintos. No caminho ao "anjo" (para não utilizar aqui uma palavra mais dura) o ser humano foi cultivando nele mesmo aquele enjôo no estômago estragado e aquela língua grossa, com os quais ele não apenas passou a sentir aversão pela alegria e a inocência dos animais, mas até a própria vida tornou-se insossa. Assim, na sua desaprovação, ele se colocou diante de si mesmo tapando o nariz e fazendo, juntamente com o papa Inocêncio III,[16] a lista das suas repugnâncias ("concepções impura, asquerosa nutrição no seio da mulher, corrupção da matéria da qual o ser humano se desenvolve, fedor horrível, eliminação de saliva, urina e fezes"). Agora, quando o sofrimento sempre precisa aparecer como o primeiro dentre os argumentos contra a existência, como seu pior ponto de interrogação, fazemos bem em nos lembrarmos dos tempos em que se pensava o contrário, porque não se queria abrir mão de *infligir* o sofrimento, pois via-se nele uma magia de primeira categoria, uma verdadeira isca de sedução *para* a vida. Naquela época talvez — dizendo isso só para consolar os mais delicados — a dor não doía tanto quanto hoje; pelo menos é o que concluiria um médico que tratou de negros (tomando-os como representantes do homem pré-histórico) com graves infecções internas, que quase levariam ao desespero o mais bem organizado europeu — no caso dos negros, isso *não* acontece. (Na prática, a curva da resistência humana à dor parece cair de forma extraordinária e quase de repente, tão logo deixamos para trás os dez mil ou dez milhões de seres humanos de culturas mais adiantadas, que estão no patamar superior; e por mim, não duvido que, comparando-se *uma* única

[16] Lottario dei Conti di Segni, o papa Inocêncio III (1160–1216), foi contemporâneo de São Francisco de Assis, cuja ordem religiosa ele aprovou. Teve importante participação nas questões seculares, inclusive na continuidade das medidas disciplinares conhecidas como Reforma Gregoriana.

noite com dor de uma mulherzinha culta histérica, os sofrimentos de todos os animais até agora testados com uma faca, com o propósito de se obterem respostas científicas, são simplesmente insignificantes.) Talvez até se admita a possibilidade de que inclusive esse prazer com a crueldade não precise ser extinto; como hoje a dor é mais dolorosa, ele só precisaria de uma certa sublimação e uma sutilização; deveria apresentar-se principalmente no âmbito imaginativo e anímico e enfeitado de inúmeros nomes tão impensáveis, que não gerariam nenhuma suspeita nem mesmo à mais delicada e hipercrítica consciência (um desses nomes seria "trágica compaixão"; outro seria "*les nostalgies de la croix*"[17]). O que na verdade causa indignação no sofrimento não é o sofrimento em si, mas a falta de sentido do sofrimento: mas tanto para o cristão, que reinterpretou o sofrimento colocando nele todo um mecanismo secreto de cura, quanto para os seres humanos primitivos de tempos mais antigos, que explicavam todo sofrimento relativamente aos espectadores ou aos que o infligiam, não existia esse sofrimento *sem sentido*. Para que esse sofrimento oculto, não descoberto, sem testemunhas pudesse ser eliminado do mundo e honestamente negado, as pessoas eram quase obrigadas, na época, a inventar deuses e seres intermediários em todas as alturas e profundezas, em suma, algo que também vagueia no

[17] Do francês, "A nostalgia da cruz".

oculto, que também enxerga no escuro e não deixa escapar facilmente um interessante espetáculo de dor. Com a ajuda dessas invenções, a vida na época era entendida, como sempre foi, com base na arte de se justificar, de justificar seu "mal"; agora talvez para isso ela precise de outras invenções auxiliares (por exemplo, a vida como enigma, a vida como problema de conhecimento). "Todo mal é justificado quando um deus sente prazer ao vê-lo": era assim que soava a antiga lógica dos sentimentos — e, de fato, será que era apenas a antiga? Os deuses, imaginados como simpatizantes de espetáculos cruéis — oh, como essa antiquíssima ideia ainda penetra profundamente na nossa humanização europeia! Sobre isso, deveríamos aconselhar-nos com Calvino[18] e Lutero.[19] Mas, em todo caso, o certo é que até *os gregos* não sabiam oferecer aos seus deuses nenhuma iguaria mais agradável, para deixá-los felizes, além das alegrias da crueldade. Com que olhos vocês acreditam que Homero[20] permitiu que seus deuses olhassem para

---

[18] João Calvino (Johann Calvin) (1509–1564) foi um reformador da segunda geração, fundador do calvinismo, e bastante influenciado por Lutero, Melantonio, Zwingli e outros. O calvinismo pregava a predestinação do destino humano por intermédio de Deus.

[19] Martinho Lutero (Martin Luther) (1483–1546) foi um teólogo alemão, monge agostiniano e professor de teologia. Levantou-se contra diversos dogmas do catolicismo romano, o que o levou a liderar a Reforma Protestante.

[20] Homero (c. 850 a.C.), poeta grego, foi o autor dos poemas épicos *Ilíada*, sobre a guerra de Troia, e a *Odisseia*, sobre as viagens de Ulisses.

baixo, para os destinos dos seres humanos? Que sentido possuíam, basicamente, as guerras troianas e outros horrores trágicos semelhantes? Nem podemos ter dúvidas: eram concebidos como *celebrações* para os deuses, e também como celebrações para os poetas, à medida que o poeta era mais "divinamente" dotado para isso do que o restante das pessoas... Mais tarde os filósofos gregos da moral não pensavam de outro modo; para eles os olhos de Deus ainda se dirigiam às lutas da moral, ao heroísmo e ao autoflagelo dos virtuosos: o "Hércules[21] do dever" estava sobre um palco, e também sabia disso; para esse povo de atores, a virtude sem testemunhas era algo totalmente impensável. Será que essa invenção dos filósofos, tão temerária, tão funesta, que na época foi feita primeiro para a Europa, pelo "livre-arbítrio", pela absoluta espontaneidade do ser humano no bem e no mal, não teria sido feita sobretudo para se ter um direito à ideia de que o interesse dos deuses no ser humano, na virtude humana, *nunca poderia esgotar-se*? Nesse palco da Terra nunca deveria faltar tudo que fosse realmente novo, as de fato inauditas emoções, tramas, catástrofes: um mundo concebido de forma totalmente determinista seria muito previsível para os deuses e, por isso, em breve também cansativo — motivo mais do que suficiente

---

[21] Herói mítico grego, Hércules (ou Héracles) teve a incumbência de realizar doze trabalhos muito perigosos e difíceis na luta contra os mais diversos monstros, para ascender ao Olimpo, a morada dos deuses.

para esses *amigos dos deuses*, os filósofos, não impingirem aos deuses um mundo tão determinista como esse! Toda a antiga humanidade está cheia de amenas condescendências para com os "espectadores", como um mundo essencialmente aberto, essencialmente evidente, que não conseguia imaginar a felicidade sem espetáculos e festas. — E, como já dissemos, inclusive no grande *castigo* havia tanta coisa festiva!...

8

Para retomar a trilha da nossa investigação, podemos dizer que o sentimento de dívida, de obrigação pessoal, possui sua origem, como já vimos, no mais antigo e primordial relacionamento pessoal que existe, a relação entre comprador e vendedor, credor e devedor: no caso, primeiro uma pessoa apresentava-se a outra, primeiro uma pessoa *media-se* com a outra. Não encontramos nenhuma civilização tão atrasada que não apresente nenhum indício desse relacionamento. Estabelecer preços, medir valores, pensar em equivalentes, trocar — tudo isso ocupou o primeiro pensamento do ser humano numa medida tal que, num certo sentido, é *o próprio* pensamento em si: no caso, foi desenvolvido o mais antigo tipo de perspicácia, e nesse caso também pode-se presumir o surgimento de um primeiro indício do orgulho humano, do seu sentimento de superioridade em relação a outros animais. Talvez a nossa palavra "ser humano" (*manas*[22])ainda expresse algo *desse* sentimento de dignidade própria: o ser humano se definia como o ser que mede valores, avalia e mede, como o "animal avaliador interno". Os atos de compra e venda, junto com seu acessório psicológico, são mais antigos do que os inícios de quaisquer formas de organização social e associações: a partir da forma mais rudimentar do direito da pessoa é que primeiro se *transportou* de fato o sentimento embrionário de troca, contrato, dívida, direito, obrigação e compensação, aos mais rudes e incipientes complexos de comunidade (em suas relações com complexos semelhantes), ao mesmo tempo com o hábito de comparar um poder a outro, de medir e calculá-los. O olhar estava focado nessa perspectiva; e com aquela brutal consequência do pensamento de difícil mobilidade, mas que depois sempre prossegue inexoravelmente na mesma direção, esse pensamento tão peculiar à antiga humanidade, logo se chegou à grande generalização "cada coisa tem seu preço; *tudo* pode ser pago" — o mais antigo e primitivo cânone moral da *justiça,* o início de toda "benevolência", de toda "equidade", de toda "boa vontade", de toda "objetividade" da Terra. Entre poderosos mais ou menos iguais, a justiça nesse primeiro patamar é a boa vontade de se ajustarem entre si, de se "entenderem" novamente por meio de uma "compensação" — e, quanto aos menos poderosos, *forçarem-nos* a realizar uma compensação entre eles.

---

[22] Termo sânscrito que significa "consciência".

9

Sempre medida pelo parâmetro dos tempos antigos (o tempo antigo que pode existir em todos os tempos ou pode existir novamente): assim também a comunidade se situa em relação aos seus membros, naqueles importantes relacionamentos básicos, os do credor com seus devedores. Vivemos numa comunidade, usufruímos das vantagens de uma vida em comunidade (oh, e que vantagens! Hoje nós as subestimamos), moramos em locais protegidos, imunes, na paz e na confiança, despreocupados quanto a determinados danos e hostilidades, aos quais está submetido o ser humano *externo*, o "banido" — um alemão entende o que quer dizer originalmente "miséria", exclusão — e como nos empenhamos e nos comprometemos com a comunidade, justamente em relação a esses danos e hostilidades. O que acontecerá *se for outro o caso*? A comunidade, o credor enganado, cobrará sua conta o melhor que puder, contaremos com isso. Neste caso trata-se minimamente do dano direto que o infrator causou: apesar dele, o infrator é sobretudo o autor de uma "ruptura", alguém que rompeu um acordo e descumpriu a palavra dada *em relação ao todo*, em relação a todos os bens e comodidades da vida comunitária, dos quais ele participou até então. O infrator é um devedor que, não apenas *não paga* as vantagens e os proventos que lhe foram disponibilizados, mas também maltrata seu credor: por isso, dali em diante, como é justo, ele não só perde todos os bens e vantagens — mas também sempre lembram a ele o que verdadeiramente significam esses bens. A raiva do credor prejudicado, a comunidade, devolve-lhe aquela condição primitiva e livre da qual até então ele estava protegido: eles o empurram para longe de si — e então podem liberar todo tipo de hostilidade. Nesse nível de civilização, a "punição" simplesmente é o retrato, o *mimus*[23] do comportamento normal contra o inimigo odiado, tornado indefeso, subjugado, que perde não apenas todo direito e toda proteção, mas também toda misericórdia; portanto, o direito de guerra e de celebração da vitória do *vae victis!*[24] em toda a sua impiedade e crueldade: — de onde se explica que a guerra em si (incluindo o culto sacrifical bélico) forneceu todas as *formas* sob as quais a punição surge na história.

10

Com o aumento do seu poder, uma comunidade não considera mais tão importantes os delitos do indivíduo, porque não os avalia mais na mesma medida que antes, como sendo tão perigosos e subversivos para a existência do todo. O malfeitor não é mais "banido" e expulso, a raiva geral não pode mais, como antes, ser liberada sem freios sobre ele — na verdade, dali

---

[23] Do latim, "cópia", "imitação".

[24] Do latim, "desgraça aos vencidos".

em diante, o malfeitor é cuidadosamente defendido e protegido pelo todo contra essa raiva, principalmente a raiva daquele que foi diretamente prejudicado pelo delito. Em primeiro lugar o compromisso com a raiva daquele que foi atingido pelo delito; depois o esforço em localizar o caso e evitar um subsequente envolvimento, ou até um envolvimento e uma intranquilidade generalizados; e as tentativas de encontrar equivalentes e anexá-los a toda e qualquer tratativa (a *compositio*[25]);e, sobretudo, a vontade sempre mais determinada de considerar todo delito como, em algum sentido, *pagável*, portanto, pelo menos até certa medida, isolar o infrator do seu ato infracional — estas são as características cada vez mais nitidamente marcantes no desenvolvimento do direito penal. Quando o poder e a autoconsciência de uma comunidade aumentam, o direito penal torna-se mais brando; qualquer enfraquecimento da comunidade e qualquer ameaça mais profunda a ela trazem novamente à luz as formas mais duras dessas leis. O "credor" foi se tornando cada vez mais humano à medida que foi enriquecendo; finalmente, até se tornou uma medida de sua riqueza a quantidade de prejuízos que ele é capaz de suportar sem sofrer com isso. Não seria impensável a uma sociedade ter uma tal *consciência de poder* a ponto de se sentir merecedora do mais nobre dos luxos que existe para ela — deixar o seu infrator

[25] Do latim, "composição" (trata-se de um termo do direito romano que significa "pacificação de um corpo de delito").

impune. "Afinal, o que me importam meus parasitas?", ela poderia dizer então. "Que vivam e vicejem; afinal, para isso ainda sou forte o suficiente!"... A justiça que começa dizendo: "Tudo é passível de pagamento, tudo deve ser pago" acaba fechando os olhos e deixando livres os inadimplentes — assim como todas as coisas boas da Terra, essa justiça acaba *anulando-se a si mesma*. Essa autoanulação da justiça — sabemos com que belo nome ela chama a si mesma — é *misericórdia*; ela permanece, como já sabemos, a prerrogativa dos poderosos, ou melhor, o seu "além do direito".

11

— Quero apresentar aqui apenas uma palavra de rejeição contra as recentes tentativas de procurar a origem da justiça num solo bem diferente — ou seja, o do ressentimento. Dizendo isso de antemão no ouvido dos psicólogos, pressupondo que tivessem a vontade de estudar o ressentimento de perto: atualmente essa planta floresce mais viçosa entre os anarquistas e antissemitas, aliás, como sempre floresceu, escondida como as violetas, só que com outro perfume. E como do mesmo necessariamente sempre surge o mesmo, não é de se surpreender que justamente desses círculos novamente surjam tentativas de ver, como diversas vezes antes — a *vingança* sacralizada sob o nome de *justiça* —, como se a justiça basicamente fosse apenas uma evolução decorrente do "se sentir prejudicado" — e, com a vingança, conferir uma honradez posterior aos *afetos reativos* em geral e tudo o mais. Eu me sentiria menos ofendido com essa última hipótese: quanto a todo o problema biológico, (em relação ao qual o valor desses afetos até agora foi subestimado) isso até me pareceria um *ganho*. Mas quero chamar a atenção para a circunstância de que o próprio espírito do ressentimento nasce dessa nova *nuance* de equidade científica (em favor do ódio, da inveja, da desconfiança, das intrigas, da vingança). Essa "equidade científica" faz imediatamente uma pausa e abre espaço para tons mais fortes de hostilidades mortais e preconceitos, à medida que se trata de um outro grupo de afetos que, como penso, têm um valor biológico bem mais elevado do que aqueles reativos e, consequentemente, merecidos, que deverão ser estimados e superestimados *cientificamente*: ou seja, os verdadeiros afetos *ativos*, como desejo de domínio, de posse, e afins. (E. Dühring,[26] *Valor da vida*; *Curso de Filosofia*; basicamente em todos os lugares). Há muito contra essa tendência no geral: mas no que se refere a uma só frase de Dühring, de que se deve procurar a pátria da justiça no solo do sentimento reativo, devemos contrapor esta outra, por amor à verdade, e com uma inversão meio áspera: o último solo a ser conquistado pelo espírito da justiça foi o solo do sentimento

[26] Eugen Karl Dühring (1833–1921), filósofo e economista, foi seguidor do positivismo de Auguste Comte. Entre suas principais obras estão *Dialética natural*, *História crítica nacional e do socialismo*. Ele se autodefine como fundador do antissemitismo.

reativo! Se acontecer, de fato, que o ser humano justo permaneça justo até mesmo em relação a quem o prejudicou (e não apenas frio, comedido, estranho, indiferente: ser justo é sempre um comportamento *positivo*), se o choque do dano pessoal, da humilhação e da suspeita não turvar a clara e elevada objetividade do olhar tão profundo quanto justo do *julgador*, então isso será um pedaço de perfeição e da mais elevada maestria na Terra — até mesmo algo que, sagazmente, não devemos esperar, e no que, em todo caso, não devemos facilmente *acreditar*. Certamente, mesmo nas pessoas mais honestas, é corriqueiro que já seja suficiente uma pequena dose de agressividade, grosseria, insinuação para o sangue lhes subir aos olhos e elas atirarem a equidade *pelos* olhos. A pessoa ativa, assertiva, agressiva está uns cem passos mais próxima da justiça do que a reativa; para ela não é necessário subestimar o seu objeto falsa e preconcebidamente, da forma como a pessoa reativa faz ou precisa fazer. De fato, por isso, em todos os tempos, a pessoa agressiva, como o olhar mais forte, mais corajoso, mais nobre e também *mais livre*, sempre teve a *melhor* consciência do seu lado: inversamente, já adivinhamos quem na verdade carrega na sua consciência a invenção da "consciência pesada" — a pessoa do ressentimento! Finalmente daremos uma olhada na história: em qual esfera até agora toda a administração do direito, inclusive a própria necessidade do direito na Terra, possui suas raízes? Talvez na esfera das pessoas reativas? De jeito nenhum: muito mais na das ativas, fortes, espontâneas, agressivas. Historicamente considerado, o direito na Terra representa — para desgosto do mencionado agitador (que uma vez confessou, sobre si mesmo: "A doutrina da vingança estendeu-se, como o fio condutor vermelho da justiça, ao longo de todos os meus trabalhos e esforços") — a luta justamente contra os sentimentos reativos, a guerra contra eles movida por forças ativas e agressivas, que em parte utilizaram sua força para conferir firmeza e medida aos desvios do *páthos* reativo e forçar uma comparação. Em todos os lugares em que a justiça é praticada, em que a justiça é sustentada, podemos ver um poder mais forte em relação aos seus subalternos mais fracos (grupos ou indivíduos) buscando meios para, entre eles, acabar com os ódios insensatos do ressentimento, à medida que, em parte, ele retira o objeto do ressentimento das mãos da vingança, em parte, no lugar da vingança, coloca a luta contra os inimigos da paz e da ordem, em parte inventa, propõe, e sob certas circunstâncias também impõe compensações, e em parte eleva certos equivalentes de prejuízos a uma norma, na qual, dali em diante, o ressentimento é comprovado de uma vez por todas. Porém o fator mais decisivo que produz e implanta a maior força contra o poder dos sentimentos contrários e de amargor — ele o faz sempre, tão logo de algum modo seja forte o bastante para isso — é a implantação da lei, a declaração imperativa a respeito do que, a seus olhos, deve valer como permitido, como correto, ou como proibido e injusto. À medida que, após a implantação da lei, as agressões e os atos arbitrários de indivíduos ou de grupos inteiros são tratados como transgressões à lei, ou como revolta contra o próprio poder superior, ela desvia o sentimento dos subalternos do dano imediato produzido por tais transgressões, e com isso consegue, a longo prazo, o contrário daquilo que quer toda vingança que apenas enxerga, apenas quer fazer valer o ponto de vista do prejudicado. Dali em diante o olhar é treinado para uma avaliação cada *vez mais impessoal* da ação, até mesmo o olhar do próprio prejudicado (apesar de isso vir por último, como observamos antes). De acordo com isso, na implantação da lei primeiro se apresenta o que é "justo" e o que é "injusto" (e não como quer Dühring, a partir do ato de ofensa). Falar de justo e injusto *por si só* carece de todo sentido; *por si só* naturalmente uma ofensa, uma violência, um roubo, um assassinato pode não ser algo "injusto" à medida que a vida *essencialmente*, ou seja, em suas funções básicas atua como ofensiva violadora, ladra, destruidora, e nem pode ser pensada sem esse caráter. Precisamos até reconhecer mais uma coisa preocupante: que, do ponto de vista biologicamente mais elevado, as condições do direito só podem sempre ser *condições excepcionais*, como restrições parciais da vontade em si de viver, com vistas ao poder, e que, enquanto meios individuais, submetem-se aos seus objetivos gerais enquanto; ou seja, como meios de criar *maiores* unidades de poder. Uma ordem do direito soberana e pensada como um todo, não como um meio no combate entre complexos de poder, mas contra todos os combates em geral —

por exemplo, como chavão comunista de Dühring, de que toda vontade deve considerar toda vontade como igual — seria um princípio *hostil à vida*, uma ordem destruidora e anuladora do ser humano, um atentado ao futuro do ser humano, um sinal de cansaço, um atalho para o nada. —

12

Mais uma palavra sobre a origem e a finalidade da punição — dois problemas separados, ou que deveriam ser separados: infelizmente, no geral, costuma-se juntá-los num só. Como até agora os genealogistas da moral lidaram com isso, neste caso? Ingenuamente, como sempre lidaram —: procuraram uma "finalidade" qualquer para a punição, como, por exemplo, a vingança ou a intimidação, depois colocaram tranquilamente essa finalidade no início, como *causa fiendi*[27] da punição, e — ponto final. Mas a "finalidade no direito" deve ser utilizada por último, em uma história do surgimento do direito: para todo tipo de história, não existe nenhum princípio mais importante do que esse, obtido com muito esforço, mas que de fato *deveria ter sido* obtido — o que, na verdade, a causa do surgimento de uma coisa é separada da sua utilidade definitiva, da sua efetiva utilização e classificação num

---

[27] Do latim, "causa do surgimento", "da origem".

sistema de finalidades *toto coelo*; de que algo existente, que de algum modo passou a existir, é sempre destinado a novos propósitos por parte de um poder superior, retomado, convertido e redirecionado a um novo uso; de que todo evento no mundo orgânico é um *superar, dominar,* e que por outro lado superar e dominar tudo é um novo interpretar, um arrumar, nos quais o "sentido" e a "finalidade" vigentes até aquele momento necessariamente são obscurecidos ou até totalmente apagados. Por mais que tenhamos entendido muito bem a *utilidade* de qualquer órgão fisiológico (ou de uma instituição jurídica, um hábito social, um costume político, uma forma nas artes ou no culto religioso), ainda não entendemos nada em relação ao seu surgimento: por mais desconfortável e desagradável que isso possa soar aos ouvidos mais velhos — pois desde os tempos mais antigos acreditava-se ter entendido, nas finalidades comprováveis, na utilidade de uma coisa, de uma forma, de uma disposição, também o motivo do seu surgimento — como os olhos, que foram feitos para enxergar, ou a mão para agarrar. Assim também se imaginou que a punição tivesse sido inventada para punir as pessoas. Mas todas as finalidades, todas as utilidades são apenas *indícios* de que uma vontade de poder tornou-se dominadora sobre algo menos poderoso, e imprimiu-lhe, a partir dela, o sentido de uma função; então toda a história de uma "coisa", de um órgão, de um costume pode, dessa forma, ser uma cadeia progressiva de indícios de sempre novas interpretações e arranjos, cujas causas não precisam estar relacionadas entre si, porém talvez, apenas casualmente seguem-se umas às outras e vão sendo substituídas. De acordo com isso, o "desenvolvimento" de uma coisa, de um hábito, de um órgão é menos do que seu *progressus* em direção a uma meta, menos ainda um *progressus* mais lógico e mais curto, alcançado com o mínimo empenho de força e custo — porém muito mais a sequência de processos de superação que ocorrem nele, mais ou menos profundos, mais ou menos independentes entre si, somados aos obstáculos que se interpõem a eles, as tentativas de transformação de suas configurações com o objetivo de defesa e reação, e também os resultados de ações contrárias bem-sucedidas. A forma é fluida, mas o "sentido" é mais ainda... Até mesmo no interior de um organismo, individualmente, não é diferente: com cada crescimento essencial do todo, o "sentido" dos órgãos individuais — sob certas circunstâncias, o seu fenecimento, a redução do seu número (por exemplo, com a morte dos membros intermediários) pode, em parte, ser um sinal de força crescente e de completude. Eu gostaria de dizer: inclusive o *tornar-se inútil*, em parte, o atrofiamento e a degeneração, a perda do sentido e da conveniência, em suma, a morte, faz parte das condições do verdadeiro *progressus:* e que, como tal, sempre surge na forma de uma vontade e um caminho a um poder maior, e sempre é realizado às expensas de inúmeros poderes menores. A grandeza de um progresso é *medida* de acordo com a massa de tudo aquilo que precisou ser sacrificado em nome desse progresso; a humanidade sacrificada em massa em favor do florescimento de uma única espécie *mais forte* de ser humano — isso *seria* um progresso... — Trago à tona esse principal ponto de vista da metodologia histórica, principalmente quanto mais basicamente ele vai ao encontro dos predominantes instintos e gostos do momento, que ainda preferem conciliar-se com a absoluta causalidade, a insensatez mecanicista de todo acontecimento, do que com a teoria de um *poder da vontade,* atuante em todo acontecimento. A democrática idiossincrasia contra tudo o que domina e quer dominar, o moderno *misarquismo*[28] (criando uma palavra ruim para uma coisa ruim) converteu-se e travestiu-se gradualmente de tal modo ao espiritual, ao mais espiritual, que hoje, passo a passo, ele já penetra, ou já *pode* penetrar, nas mais rigorosas, aparentemente mais objetivas ciências; sim, ele me parece já ter-se tornado senhor da vida, acima de toda fisiologia e todo ensinamento, para o prejuízo dela, como já se entende por si só, à medida que lhe escamoteou um conceito básico, o da efetiva *atividade.* Contra isso, sob a pressão dessa idiossincrasia, colocamos a "adequação" em primeiro plano, quer dizer, uma atividade de segunda categoria, uma simples reatividade, sim, definimos a própria vida como uma adequação interior cada vez mais conveniente às condições externas (Herbert

[28] Trata-se aqui de um neologismo de Nietzsche, cujo significado é ódio ao domínio, aversão ao governo, repulsa ao poder.

Spencer[29]). Mas com isso subestimamos a essência da vida, sua *vontade de poder*; com isso esquecemos a principal vantagem das forças configuradoras, espontâneas, solicitantes, atuantes em amplitude, forças de novas interpretações e novos direcionamentos, a cujos resultados é que se segue a "adequação". Com isso é negado, no próprio organismo, o papel dominante dos mais elevados funcionários, nos quais a vontade de viver aparece ativa e configuradora. Lembramos o que disse Huxley,[30] sobre o tema, criticando o "niilismo administrativo" de Spencer: "Mas trata-se de *algo mais* do que apenas 'administrar'"...

13

— Portanto, para voltarmos a esse assunto, ou seja, a punição, devemos diferenciar duas coisas: por um lado o que é relativamente *duradouro* nela, o hábito, o ato, o "drama", uma certa sequência rigorosa de procedimentos; por outro, o que é *fluido* nela, o sentido, a finalidade, a expectativa vinculados à execução desses procedimentos. Nesse caso se pressupõe, *per analogiam*,[31] de acordo com o ponto de vista principal da metodologia histórica, desenvolvido acima, que

---

[29] Veja a nota 4 do primeiro ensaio.

[30] Thomas Henry Huxley (1825–1895), biólogo britânico, seguidor e divulgador do darwinismo.

[31] Do latim, "por analogia".

o procedimento em si é algo mais antigo, anterior à sua utilização para a punição, que esta última foi *introduzida* no procedimento (há muito existente, mas usado num outro sentido) e reinterpretada nele; em suma, que as coisas *não são* como supunham até agora nossos ingênuos genealogistas da moral e do direito, que, todos juntos, imaginavam que o procedimento havia sido *inventado,* com a finalidade da punição, assim como antigamente se imaginava que a mão havia sido inventada com a finalidade de agarrar. Quanto a esse outro elemento da punição, o fluido, o "sentido" dela, podemos dizer que o conceito "punição" não possui mais, na prática (numa condição muito tardia da cultura, por exemplo na Europa de hoje), *um* único sentido, mas toda uma síntese de "sentidos"; a história da punição até agora, a história da sua utilização para as mais diversas finalidades, cristaliza-se finalmente numa espécie de unidade difícil de ser repartida, de ser analisada, e, o que devemos ressaltar, inteiramente *indefinível.* (Hoje é impossível se dizer, com certeza, *por que* afinal se pune: todos os conceitos, nos quais se resume semiologicamente todo um processo, escapam a uma definição; apenas o que não possui nenhuma história é passível de uma definição.) Por outro lado, num estágio anterior, essa síntese de "sentidos" aparece mais repartível, até mesmo mais móvel; podemos perceber como, para cada caso individual, os elementos da síntese modificam seu valor e se reorganizam de acordo, de modo que, ora um elemento, ora outro, destaca-se do todo e passa a predominar à custa dos demais, e até, sob certas circunstâncias, um único elemento (por exemplo, o objetivo da intimidação) parece anular todo o restante. Para termos pelo menos uma ideia de quão incerto, posterior e acidental é o "sentido" da punição, e como um e o mesmo procedimento pode ser utilizado, interpretado e preparado para diferentes propósitos, mostrarei aqui o esquema que eu mesmo elaborei com base em um material reduzido e casual. A punição como forma de tornar inofensivo o condenado, para evitar que ele produza outros danos. A punição como ressarcimento, de alguma forma (inclusive sob a forma de uma compensação emocional), do prejuízo a quem foi prejudicado. A punição como isolamento de uma perturbação do equilíbrio, para impedir o seu alastramento da perturbação. A punição como instilação de medo naqueles que determinam e executam a pena. A punição como uma espécie de compensação pelas vantagens usufruídas pelo criminoso até então (por exemplo, quando ele se torna útil como escravo nas minas). A punição como banimento de um elemento degenerado (sob certas circunstâncias, de todo um ramo, como no direito chinês, em que se usa a punição como meio para a manutenção da pureza da raça ou o estabelecimento de um tipo social). A punição como celebração, ou seja, a tortura e a humilhação de um inimigo finalmente derrotado. A punição para a fixação da pena na memória, seja daquele que sofre a punição — a assim chamada "correção" — ou até mesmo das testemunhas da execução. A punição como pagamento de um honorário, especificado pelo poder que protege o malfeitor dos desregramentos da vingança. A punição como um compromisso com a condição natural da vingança, à medida que a realização desta última ainda é mantida como prerrogativa pelas estirpes poderosas e considerada um privilégio. A punição como declaração de guerra, como uma medida bélico-disciplinar a um inimigo da paz, da lei, da ordem, da autoridade, a alguém perigoso para a sociedade, que rompe os acordos referentes aos seus pressupostos, alguém que é um rebelde, delator e ameaçador da paz, que deve ser combatido com meios iguais aos utilizados na guerra.

14

Certamente essa lista não é completa; evidentemente a punição está repleta de utilidades de todo tipo. Além disso podemos retirar dela uma *suposta* finalidade, que aliás, na consciência popular, é considerada a principal delas — a crença na punição, que hoje, por diversos motivos, está mais incerta, e que justamente ainda encontra nela sua maior sustentação. A punição precisa ser válida como algo que desperta o *sentimento de culpa* no culpado, ela precisa conter o *instrumentum*[32] em si daquela reação emocional

[32] Do latim, "instrumento", "meio".

chamada de "consciência pesada", de "remorso". Mas com isso nós nos equivocamos ainda hoje com a realidade e a psicologia, e mais ainda com a mais longa história do homem, a sua pré-história! Justamente entre criminosos e condenados o verdadeiro remorso é algo extremamente raro; as prisões, as casas de correção *não são* os ninhos em que essas espécies de vermes gostam mais de se desenvolver: — nisso, concordam todos os observadores conscientes, que, em muitos casos, dão essa opinião muito contrariados e contra os próprios desejos. Num cálculo mais geral, a punição endurece e congela o ser humano; ela concentra; ela aguça a sensação de alienação; ela reforça a resistência. Quando ela desgasta a energia e produz uma prostração e uma auto-humilhação deploráveis, esse resultado certamente é bem menos agradável do que o efeito mais geral da punição, que se caracteriza por uma seriedade sinistra e árida. Mas ao pensarmos naqueles milênios anteriores à história do ser humano, podemos avaliar, tranquilamente, que justamente por meio da punição o desenvolvimento do sentimento de culpa manteve-se com mais força — pelo menos em relação à vítima, na qual se despejava toda a violência punitiva. Não subestimemos até que ponto o criminoso, justamente ao ver os procedimentos legais e executórios, não sente que seu ato, o seu tipo de ação é condenável; pois ele vê exatamente o mesmo ato praticado a serviço da justiça e depois aprovado, praticado com a consciência leve: portanto, espionagem, embuste, corrupção, cilada, enfim, toda a ardilosa e astuciosa arte da repressão e da delação, assim como tudo o que é feito por princípio, sem sequer ter a justificativa passional, ou seja, roubo, violação, difamação, aprisionamento, tortura, assassinato — tal como se manifestam nos diversos tipos de punição —, todos eles de modo algum atos condenados e julgados *por si mesmos* pelos seus juízes, mas apenas sob determinado ponto de vista e utilização. A "consciência pesada", essa planta tão misteriosa e interessante de nossa vegetação terrestre, *não* cresceu nesse solo — na prática, na consciência dos juízes e na dos próprios algozes, por um longo tempo não apareceu *nada* que pudesse dizer-lhes que tinham de lidar com um "culpado", porém apenas com alguém que provocara um dano, uma desgraça fatal irresponsável. E mesmo esse alguém, sobre o qual depois recaia a punição como uma desgraça, não sentia outra "angústia interior" a não ser quando, subitamente, penetrava nele algo imprevisto, um terrível evento natural, a queda de um esmagador bloco de pedra, contra o qual não havia mais defesa possível.

15

Uma vez isso chegou à consciência de Spinoza[33] de uma forma insidiosa (para desgosto de seus intérpretes, que se esforçaram para não entendê-lo corretamente

---

[33] Veja a nota 20 do prólogo deste livro.

nesse ponto; por exemplo, Kuno Fischer,[34] quando, numa tarde, ruminando quem sabe lá que tipo de lembrança, perguntou-se o que na verdade havia restado, nele mesmo, do famoso *morsus conscientiae*[35] — ele, que havia considerado o bem e o mal como parte das imaginações humanas e defendido, com muita fúria, a honra de seu Deus "livre" contra aqueles caluniadores que afirmavam que Deus fazia tudo *sub ratione boni*[36]— mas isso significava submeter o destino a Deus, e seria de fato o maior de todos os absurdos). Para Spinoza o mundo retornara para aquela inocência em que se encontrava antes da invenção da consciência pesada: o que, com isso, foi feito do *morsus conscientiae*? "O contrário do *gaudium*",[37] disse a si mesmo finalmente — "uma tristeza acompanhada da ideia de uma coisa do passado, que, contra todas as expectativas, já acabou". Eth. III propos. XVIII schol. I, II. Por milênios aqueles malfeitores surpreendidos

---

[34] Ernst Kuno Berthold Fischer (1824–1907) foi um filósofo, historiador e crítico de filosofia alemão, seguidor da escola hegeliana e intérprete de Kant. Sua obra *Kants Leben und die Grundlagen seiner Lehre* (*A vida de Kant e os fundamentos da sua doutrina*) foi um impulso para o assim chamado "retorno a Kant". Uma de suas grandes contribuições foi a distinção empirismo/racionalismo, na categorização dos filósofos. Mas sua principal obra foi *Geschichte der neuern Philosophie* (*História da filosofia moderna*), em 11 volumes (1852–1901), a principal fonte de Nietzsche sobre Spinoza.

[35] Do latim, "remorso", "arrependimento".

[36] Do latim, "sob o ponto de vista do bem".

[37] Do latim: "gáudio", "alegria".

pela punição sentiram, em relação aos seus "malfeitos", *algo não muito diferente do que disse Spinoza*: "Aqui de repente alguma coisa deu errado", e *não*: "Eu não deveria ter feito isso" — eles se submetiam à punição como alguém se submete a uma doença, a uma desgraça ou à morte, com aquele intenso fatalismo sem revolta, por meio do qual, por exemplo, hoje ainda os russos estão em vantagem diante de nós, ocidentais, quando lidam com a vida. Se na época houve uma crítica da ação, então foi a inteligência que exerceu essa crítica: sem dúvida devemos buscar o verdadeiro *efeito* da punição sobretudo num aguçamento da inteligência, numa maior longevidade da memória, numa vontade de trabalhar de fato com mais cautela, mais desconfiança, mais secretamente, numa percepção de que definitivamente somos fracos demais para muita coisa, numa espécie de aprimoramento de nossa autoavaliação. Aquilo que no geral pode ser alcançado com a punição, tanto no ser humano quanto no animal, é a multiplicação do medo, o aguçamento da esperteza, a dominação dos desejos; com isso a punição *doma* o ser humano, mas não o torna "melhor" — com mais razão, poderíamos afirmar o contrário. ("O dano nos torna espertos", diz o povo: mas, à medida que o torna esperto, também o torna ruim. Felizmente, com frequência, ele o torna burro.)

16

Nesse ponto não dá mais para deixar de sustentar, com uma primeira expressão provisória, minha própria hipótese sobre a origem da "consciência pesada": não se consegue facilmente levá-la a ser ouvida, e ela será, por muito tempo, repensada, vigiada e ficará adormecida. Considero a consciência pesada como uma profunda enfermidade que o ser humano teve de suportar, sob a pressão daquela mais básica de todas as transformações que ele já vivenciou — aquela transformação em que ele se encontrou definitivamente preso ao sortilégio da sociedade e da paz. Não muito diferente do que devem ter sentido aqueles animais aquáticos, quando foram forçados a se tornar animais terrestres ou a sucumbir — assim sentiram-se também os semianimais felizes, adaptados à vida selvagem, à guerra, às andanças, às aventuras — quando, de repente, todos os seus instintos foram desvalorizados e "suspensos". Dali em diante tiveram de andar com apenas dois pés e "carregar a si mesmos", enquanto, até então, haviam sido carregados pela água: uma carga terrível pesava sobre eles. Sentiam-se desajeitados para as mais simples tarefas, não possuíam mais seus antigos guias para conduzi-los por esse novo mundo desconhecido, ou seja, os instintos reguladores, guias inconscientes tão seguros. Esses seres haviam sido reduzidos aos atos de pensar, deduzir, calcular, combinar causa e efeito — tornaram-se muito infelizes, reduzidos à sua "consciência", seu órgão mais pobre e tão passível de errar! Acredito que nunca na Terra houve tamanho sentimento de fraqueza, tamanho desconforto — e, além disso, aqueles instintos não deixaram de repente de impor suas exigências! Apenas era difícil e raramente possível atendê-las: eles deviam, principalmente, buscar satisfações novas e ao mesmo tempo subterrâneas. Todos os instintos que não são descarregados para o exterior, para fora, *viram-se para dentro* — é isso que chamo de *interiorização* do ser humano; com isso é que nasce e cresce no ser humano o que mais tarde chamamos de sua "alma". Todo o mundo interior, originalmente uma pele fina esticada entre duas outras peles, abriu-se e afastou-se de tal modo que adquiriu profundidade, largura e altura, quando a descarga do ser humano para fora *foi reprimida.* Os terríveis escudos com os quais a organização estatal se protegia contra os antigos instintos de liberdade — as punições fazem parte sobretudo desses escudos — fizeram que todos aqueles instintos do ser humano selvagem, livre, nômade, recuassem e se voltassem *contra o próprio ser humano.* A rivalidade, a crueldade, o prazer da perseguição, do assalto, da reviravolta, da destruição — tudo isso voltou-se contra o portador desses instintos: *essa* é a origem da "consciência pesada". O ser humano que, na falta de inimigos e obstáculos externos, comprimido num aperto opressor e num rígido regramento dos costumes, impacientemente arranhou, perseguiu, mordeu, perturbou, maltratou esse animal, que se feriu ao se debater nas grades da sua jaula, um animal que quiseram "domar", um animal carente e dilacerado pela nostalgia da amplidão desértica, que precisou criar, a partir de si mesmo, uma aventura, um local de tortura, uma selva insegura e perigosa — esse louco, esse preso saudoso e desesperado tornou-se o inventor da "consciência pesada". Porém com ele foi introduzida a maior e mais terrível das enfermidades, da qual a humanidade até hoje ainda não se curou, ou seja, o sofrimento do ser humano, *em si mesmo*: como consequência da violenta separação do seu passado animal, e ao mesmo tempo de um salto e uma queda em novas situações e condições de existência, ele declarou a guerra aos antigos instintos, nos quais, até então, apoiavam-se sua força, seu ânimo e sua capacidade de sentir medo. Vamos logo acrescentar que, por outro lado, com a evidência de uma alma animal dirigida contra ele, tomando partido contra ele, apresentava-se na Terra algo tão novo, profundo, inaudito, enigmático, contraditório e *promissor*, que o aspecto da Terra se modificou essencialmente. Na prática, foram necessários espectadores divinos para aprovarem o espetáculo, que começou com isso, mas cujo final ainda não pode ser previsto — um espetáculo refinado, maravilhoso, paradoxal demais para ser realizado sem qualquer sentido e despercebidamente, em um astro ridículo qualquer! Desde então o ser humano faz parte do mais inesperado e emocionante golpe do destino, representado pelo "grande filho" de Heráclito,[38] chamado de Zeus ou de Acaso — ele

[38] Heráclito de Éfeso (535–475 a.C.), considerado o "pai" da dialética, foi um filósofo grego pré-socrático, defensor da ideia de que só a mudança e o movimento são reais, e que a identidade das coisas em si é ilusória, pois tudo flui [*Panta Rei*] como resultado da tensão contínua dos opostos.

desperta para si um interesse, uma expectativa, uma esperança, quase uma certeza, como se, com esse ser humano, se anunciasse alguma coisa, alguma coisa se preparasse, como se ele não fosse uma finalidade, mas apenas um caminho, um acidente intermediário, uma ponte, uma grande promessa...

17

Para o pressuposto dessa hipótese sobre a origem da consciência pesada, deve-se considerar, em primeiro lugar, que essa mudança não foi gradual, nem voluntária, e não se apresentou como uma entrada em novas condições, mas como uma ruptura, um salto, uma coisa forçada, uma fatalidade obrigatória, contra a qual não havia possibilidade de luta nem mesmo um ressentimento. Mas, em segundo lugar, a inserção num formato fixo, de uma população até aquele momento sem freios e disforme — que foi como ela teve seu início, com um ato de violência, e só foi conduzida até o fim com vários atos de violência —, teve como resultado o surgimento do mais antigo dos "Estados", que continuou atuando com uma terrível tirania, um maquinário opressor e desrespeitoso, até que essa matéria bruta, constituída de povo e de semianimal, finalmente não apenas foi amassada e amaciada, mas também *modelada*. Usei a palavra "Estado", mas já se entende a que eu me refiro — uma matilha qualquer de animais selvagens loiros, uma raça de conquistadores e dominadores, que, organizados belicamente e com a força necessária para organizar, coloca despreocupadamente suas patas terríveis em uma população talvez numericamente superior, porém ainda disforme, ainda nômade. É desse modo que começa o "Estado" na Terra: penso que esse entusiasmo acaba quando se impõe a ele um "contrato".[39] Quem sabe mandar, quem é "senhor" por natureza, e se apresenta arrebatadamente em gesto e obra — precisa de contratos para quê? Não se contava com seres assim, eles chegam como um destino, sem motivo, razão, consideração, eles estão ali, assim como o raio está ali, terríveis demais, repentinos demais, convincentes demais, "diferentes" demais, até mesmo para serem odiados. Sua obra é uma instintiva criação de formatos, impressão de formatos, eles são os artistas mais involuntários, mais inconscientes que existem — logo surge alguma coisa nova ali onde eles aparecem, uma configuração de domínio *que vive*, na qual partes e funções são delimitadas e relativizadas, domínio que vive, em que partes e funções são delimitadas e relativizadas, em que nada cabe que não tenha primeiro obtido um "sentido" em relação ao todo. Eles não sabem o que é culpa, o que é responsabilidade, o que é consideração — esses organizadores natos; neles reina aquele terrível egoísmo de artista, com uma visão metálica e que se considera justificado em sua "obra",

[39] Em 1762, Rousseau escreve seu *Contrato Social*, e além dele também outros filósofos se dedicam às teorias do Estado, como Kant, Locke e Hobbes.

como a mãe se considera justificada em seu filho, para toda a eternidade. *Não* foi neles que nasceu a "consciência pesada", isso se entende desde o princípio — mas ela não teria nascido *sem eles*, essa planta tão feia — ela não existiria se, sob a pressão dos seus golpes de martelo, sua violência de artistas, não tivesse sido retirado do mundo um enorme *quantum* de liberdade, pelo menos retirado das nossas vistas, e ao mesmo tempo tornado *latente*. Esse *instinto de liberdade*, violentamente tornado latente — já o entendemos — esse instinto de liberdade reprimido, empurrado para trás, encarcerado, e por último apenas ainda capaz de se descarregar e se desafogar em si mesmo: isso, apenas isso, é, em seu início, a *consciência pesada*.

18

Evitamos pensar em todo esse fenômeno, porque desde o princípio ele é feio e doloroso. Basicamente é a mesma força ativa, ou seja, o *instinto de liberdade* (na minha linguagem, a vontade de poder) que atua fortemente nesses artistas e organizadores da violência, constrói Estados, e aqui, internamente, de uma forma mais reduzida e mais mesquinha, voltada para trás, ao "labirinto do peito"[40] — para falar como

[40] Citação do poema *An den Mond* (À Lua), de 1778, de Goethe: "Aquilo que os homens não sabem ou não imaginaram vaga à noite no labirinto do peito".

Goethe — cria a consciência pesada e constrói ideais negativos. Mas a matéria na qual a natureza configuradora e violentadora dessa força se descarrega, no caso, é o próprio ser humano, todo o seu antigo "Eu" animal — e *não* como naquele fenômeno maior e mais evidente, o *outro* ser humano, os *outros* seres humanos. Essa misteriosa autoviolação, essa crueldade de artista, essa vontade de dar um formato a si mesmo, numa matéria pesada, resistente, sofredora, imprimindo em si mesmo uma vontade, uma crítica, uma contradição, um desdém, um *não*, esse imenso e terrivelmente prazeroso trabalho de uma alma dividida em duas, dócil consigo mesma, que impõe um sofrimento a si mesma pelo simples prazer de impor sofrimento, toda essa *ativa* "consciência pesada" deu à luz — o que já adivinhamos — como o ventre de uma mãe de eventos ideais e imaginativos, também uma grande quantidade de novas e surpreendentes belezas e afirmações, e até talvez *a* própria beleza... O que poderia ser "belo", se a contradição não tivesse chegado à consciência primeiro, se o feio não tivesse dito a si mesmo: "eu sou feio"?... No mínimo, depois desse sinal, será menos enigmático o enigma de saber em que medida pode ser sugerido um ideal, uma beleza, nas contradições como o autodesprendimento, a abnegação, o autossacrifício; porém uma coisa já sabemos — e não duvido disso —: o tipo de prazer que o desprendido, o abnegador, o que se sacrifica sentem: esse prazer faz parte da crueldade. — Porém quanto disso tudo contribui para a origem do "altruísmo" como um valor *moral*, e para a demarcação do solo do qual nasceu esse valor? Só a consciência pesada, só a vontade de se maltratar fornece o pressuposto para o *valor* do altruísmo. —

19

A consciência pesada é uma doença, não há dúvida, tanto quanto a gravidez é uma doença. Se buscarmos as condições sob as quais essa doença chegou ao seu ápice mais terrível e sublime, veremos o que, na verdade, penetrou no mundo primeiro. Mas para isso precisamos respirar fundo — e, antes ainda, precisamos voltar a um antigo ponto de vista. A relação de direito privado do devedor com o seu credor, da qual já falamos extensamente, foi reinterpretada, e de uma forma histórica sobretudo estranha e preocupante, justamente naquilo que para nós, pessoas modernas, talvez seja mais incompreensível: ou seja, na relação dos *contemporâneos* com seus *antepassados*. No âmbito das sociedades de linhagens antigas — falamos de tempos primitivos — diante da anterior e principalmente da mais anterior ainda, fundadora da linhagem, a geração atual reconhece uma obrigação legal (e de modo algum uma simples obrigação afetiva: deveríamos até contestar esta última, não sem motivo, quando se tem em mente uma maior longevidade da linhagem humana). Neste caso predomina a convicção de que a linhagem *subsiste* apenas em função do sacrifício e das realizações dos antepassados — e que devemos *retribuir-lhes* tudo isso por meio de sacrifícios e realizações: com isso reconhecemos uma *culpa* que cresce continuamente, porque esses antepassados, em sua existência posterior como espíritos poderosos, não param de garantir à linhagem novas vantagens e provisionamentos, por parte de suas forças. Inutilmente, talvez? Mas não existe um "inutilmente" para aquela era rude e "pobre de alma". O que podemos devolver-lhes? Oferendas (inicialmente para a alimentação, num entendimento mais grosseiro), festas, cantos, homenagens, sobretudo obediência — pois, como obras dos antepassados, todos os costumes são também seus regulamentos e ordens —: será que lhes damos o suficiente? Essa suposição é o que resta, e ela aumenta: de tempos em tempos ela impõe uma grande remissão completa, alguma coisa monstruosa em termos de pagamento ao "credor" (isso poderia ser, por exemplo, o sacrifício do primogênito, ou uma certa quantidade de sangue, sangue humano, em todo caso). Segundo esse tipo de lógica, o *temor* diante do antepassado dominador e seu poder, a consciência das dívidas que se tem com ele, aumenta necessária e exatamente à medida que o próprio poder da linhagem aumenta, à medida que a própria linhagem torna-se cada vez mais vitoriosa, independente, honrada, temida. E não o contrário! Cada passo na direção do atrofiamento da linhagem, todas as desgraças casuais, todos os sinais de degeneração, de dissolução emergente *reduzem* o temor diante o espírito de seus fundadores e dão a ideia de uma presença cada vez menor da sua inteligência, providência e poder. Imaginemos esse tipo rude de lógica chegando até o fim: finalmente, por meio da fantasia de um temor crescente, os antepassados das linhagens mais *poderosas* deverão crescer a uma dimensão monstruosa e ser empurrados para trás, para a escuridão de uma inimaginável imensidão divina — e por fim, necessariamente o antepassado é transfigurado e transformado num *deus*. Talvez seja essa a origem dos deuses, portanto, uma origem a partir do *medo*!... E para quem possa parecer necessário acrescentar: "Mas também a partir da piedade!" dificilmente terá razão, no que se refere àquele longo período da linhagem humana, todo aquele seu tempo primitivo. E muito mais, naturalmente, no seu tempo *mediano*, no qual se formaram as linhagens mais nobres — quando na prática seus fundadores, os antepassados (heróis, deuses), devolveram com juros todas as características que, enquanto isso, manifestaram-se neles mesmos, ou seja, as características *nobres*. Mais tarde lançaremos um olhar sobre o enobrecimento e o refinamento dos deuses (o que naturalmente não é sua "santificação"); mas, por enquanto, vamos acompanhar até o fim o andamento de todo esse desenvolvimento da consciência de culpa.

20

Como nos ensina a história, a consciência das dívidas que temos com a divindade não chegou ao fim, de jeito nenhum, nem mesmo depois do declínio das formas de organização comunitária por parentescos de sangue. Do mesmo modo como a humanidade herdou os conceitos de "bom e ruim" da nobreza (junto com a sua tendência básica psicológica, de atribuir hierarquias), ela recebeu, além da herança das divindades dessas linhagens e tribos, também a da pressão de dívidas ainda não pagas e a exigência de solvência delas. (Essa transferência foi feita por aquelas amplas populações de escravos e subalternos que se adaptaram aos cultos divinos de seus senhores, seja pela força, pela submissão ou o *mimetismo*:[41] a partir deles então essa herança se dispersou para todos os lados.) O sentimento de culpa diante da divindade não parou de crescer por muitos milênios, e sempre nas mesmas proporções em que o conceito de Deus e o sentimento de Deus cresceram na Terra e foram levados às alturas. (Toda a história das lutas, das vitórias, das reconciliações, das fusões étnicas, em toda grande síntese racial tudo o que precede a formação da hierarquia definitiva de todos os elementos do povo reflete-se na confusão genealógica de seus deuses, nas

---

[41] Fenômeno em que certos animais assumem características do ambiente em que estão inseridos, como cores e formas de outros animais, para se defenderem de predadores.

sagas de seus combates, vitórias e reconciliações; a sua progressão até os reinos universais é sempre também a progressão às divindades universais, o despotismo, com sua subjugação da nobreza independente, sempre abre caminho a algum tipo de monoteísmo.) Justamente por isso, a elevação do Deus cristão ao mais elevado patamar alcançado até agora também trouxe à tona o máximo do sentimento de culpa na Terra. Considerando que depois entramos no movimento *contrário*, ou seja, no incontido declínio da crença no Deus cristão, com uma boa probabilidade deveríamos deduzir que também já começasse a existir um importante declínio da consciência de culpa da humanidade. Sim, não se deve descartar a ideia de que a vitória completa e definitiva do ateísmo poderia libertar a humanidade de todo esse sentimento de ter dívidas em relação ao seu início, sua *causa prima*.[42] O ateísmo, e além dele uma espécie de *segunda inocência*, fazem parte um do outro. —

21

Por enquanto apresento tudo isso num breve resumo sobre a relação dos conceitos "culpa", "dever" com seus pressupostos religiosos: até agora deixei de

[42] Do latim, "primeira causa". De acordo com Tomás de Aquino (1225-1274), Deus, como criador do mundo, é a "primeira causa", e ao mesmo tempo a causa de si mesmo (*causa sui*).

lado, de propósito, a moralização em si desses conceitos (o seu deslocamento à consciência, ou, mais exatamente, o entrelaçamento da consciência *pesada* com os conceitos de Deus). O que eu disse no final do parágrafo anterior pareceu mostrar que essa moralização não existe, ou seja, que com esses conceitos ela necessariamente acabaria, depois que acabasse o seu pressuposto, a crença em nosso "credor", em Deus. O conjunto dos fatos afasta-se disso de uma forma assustadora. Com a moralização dos conceitos de culpa e dever, com o seu deslocamento à consciência *pesada*, surge a tentativa de *inversão* da direção do desenvolvimento descrito acima, ou pelo menos de paralisação do seu movimento: agora justamente, de uma forma pessimista, *deverá* fechar-se de uma vez por todas a perspectiva de uma remissão definitiva, agora, a visão deverá desviar-se sem esperanças diante de uma impossibilidade férrea, ela deverá recuar; agora, esses conceitos "culpa" e "dever" deverão voltar-se para trás — mas para *quem*? Não devemos duvidar: primeiro quanto ao "devedor", no qual então a consciência pesada se estabelece, fica incrustada, dissemina-se e cresce em toda extensão e profundidade, de tal modo que, finalmente, com a impossibilidade de se anular a culpa também se concebe a impossibilidade da penitência, a impossibilidade de se pagar a dívida (a "punição eterna") —; mas finalmente, quanto ao "credor", lembremos apenas da *causa prima* do ser humano, do início da linhagem humana, de seu antepassado, que então é castigado com uma maldição ("Adão", "pecado original", "ausência de livre-arbítrio") ou lembremos da natureza, de cujo ventre surge o ser humano e na qual, então, é colocado o princípio "mau" ("demonização da natureza"), ou mesmo da existência em geral, que resta como algo *sem valor em si* (sua negação niilista, desejo do nada, de seu "contrário", de ser um outro, ou budismo e afins) — até que de repente nos vemos diante de meios de informação paradoxais e terríveis, nos quais a humanidade martirizada encontrou um alívio passageiro, ou seja, aquele golpe de gênio do *cristianismo*; o próprio Deus sacrificando-se pela culpa dos humanos, o próprio Deus redimindo-se em si mesmo. Deus como o único que pode redimir o ser humano, algo que se tornou impossível para o próprio ser humano — o credor sacrificando-se pelo seu devedor, *por amor* (deveríamos acreditar? —), por amor ao seu devedor!...

22

Já podemos adivinhar *o que* na verdade aconteceu com tudo isso e *sob* tudo isso: aquela vontade de autoflagelação, aquela crueldade reprimida e internalizada, afugentada para dentro do animal homem, encarcerado no "Estado", com a finalidade de ser domado, e que inventou a consciência pesada para se flagelar, depois que o escoamento *natural* dessa vontade de se flagelar ficou bloqueado — esse ser humano da consciência pesada apossou-se do pressuposto religioso para levar seu automartírio até o nível mais terrível de dureza e intensidade. Uma culpa diante *de Deus*: essa ideia torna-se para ele um instrumento de tortura. Em "Deus" ele agarra os últimos antagônicos dos seus verdadeiros e insolúveis instintos animais, os últimos contrários que consegue encontrar desses instintos, ele distorce a interpretação desses instintos animais definindo-os como culpa diante de Deus (como rivalidade, sublevação, revolta contra o "Senhor", o "Pai", o Antepassado e o início do mundo), ele se sente profundamente tenso na contradição "Deus" e "demônio"; todo "não" que ele diz a si mesmo, à natureza, à naturalidade, à realidade de seu ser, ele projeta como para fora um "sim" do ser existente, corporal, real, como Deus, se fosse como a santidade de Deus, como a justiça de Deus, como o algoz Deus, como o além, eternidade, como martírio sem fim, inferno, impossibilidade de mensurar castigo e culpa. Essa é uma espécie de loucura da vontade, de crueldade da alma, que simplesmente não tem igual: a *vontade* do ser humano de se sentir culpado e condenável até o ponto da impossibilidade de expiação; sua vontade de se sentir punido, sem que ao menos a punição seja equivalente à culpa, sua *vontade* de contaminar e envenenar a mais profunda base das coisas com o problema da punição e da culpa. Tudo isso para encontrar a saída, de uma vez por todas, desse labirinto de "ideias fixas", a sua *vontade* de criar um ideal — aquele do "Deus sagrado" — e diante dele ter a certeza palpável da própria absoluta indignidade. Oh, essa louca e triste besta chamada homem! Que ideias ela tem, que natureza adversa, que paroxismo[43] de besteiras, que *bestialidade de ideias* irrompe nela imediatamente, quando é só um pouco impedida de ser a *besta da ação*!... Tudo isso é interessante ao extremo, mas também de uma tristeza negra, sinistra, enervante, a ponto de precisarmos proibir-nos, violentamente, de olhar para esses abismos por muito tempo. É uma *doença*, sem dúvida, a mais terrível doença que já se disseminou entre os seres humanos — e quem ainda quiser ouvir (hoje não temos mais ouvidos para isso! —) como soou, nessa noite de martírio e loucura, o grito *amor*, o grito do saudoso encantamento, da redenção no *amor*, esse alguém se afastará, tomado por um invencível horror... Há tanta coisa terrível no ser humano!... A Terra foi um hospício por tempo demais!...

23

Basta, de uma vez por todas, de falar da origem do "Deus sagrado". A concepção *em si* dos deuses não precisa necessariamente levar a essa piora da fantasia, não permitindo a sua materialização para nós por um instante; existem formas *mais nobres* de nos servirmos da invenção dos deuses, do que essa autocrucificação e autoviolação do ser humano, nas quais a Europa, nos

---

[43] É a maior intensidade de um acesso, de um medo, de uma dor.

últimos milênios, foi mestra. Por sorte isso ainda pode ser constatado em cada olhar que lançamos aos *deuses gregos*, esse reflexo de seres mais nobres e autocráticos, nos quais o *animal* que existe no ser humano se sentia endeusado e *não* se dilacerava, *não* se enfurecia contra si mesmo! Esses gregos serviram-se de seus deuses por muito tempo, justamente para manterem a "consciência pesada" afastada, para poderem permanecer alegres com a liberdade de suas almas: portanto, num entendimento inverso daquele com que o cristianismo fez uso de seu Deus. Foram *bem longe* com isso, essas majestosas e leoninamente corajosas cabeças de criança; e nenhuma autoridade menor do que a do próprio Zeus lhes dava a entender, aqui e ali, que eles estavam facilitando demais as coisas. "É de se admirar!", disse ele uma vez — trata-se do caso de Egisto,[44] um caso *muito* grave —

> "É de se admirar o quanto os mortais reclamam dos deuses!
> *O mal vem apenas de nossa parte*, dizem eles; mas eles mesmos
> Criam a miséria, por meio da incompreensão, e até contrariando o destino".

---

[44] Na mitologia grega, Egisto, filho de Tiestes com sua filha Pelópia, matou seu tio e pai adotivo Atreu. Ao se tornar amante de Clitemnestra, ele matou o marido dela, Agamenon. Depois, como vingança, ele e a amante foram assassinados por Electra e Orestes, filhos de Agamenon.

Mas ao mesmo tempo ouvimos e vemos que esse espectador e juiz olímpico está longe de se sentir irado com eles por causa disso e pensar mal deles: "Como são *tolos*!", pensa Zeus diante dos malfeitos dos mortais — e "tolices", "incompreensões", um pouco de "perturbação da cabeça", foram coisas que até os gregos dos tempos em que eram mais fortes e corajosos, *toleraram* entre eles, como causas de muitas coisas graves e funestas — era uma tolice, *não* um pecado! Vocês compreendem isso?... Mas até mesmo essa perturbação da cabeça era um problema — "sim, como ela pode ser possível? De onde ela poderá ter vindo, e penetrado nas cabeças, como as que *nós* temos, nós pessoas de nobre ascendência, da felicidade, do progresso, da melhor sociedade, da nobreza, da virtude?" — é o que se perguntava, por séculos, o nobre grego, diante de cada horror e injúria com que um de seus semelhantes se maculava. "Algum deus deve tê-lo seduzido", dizia ele finalmente, sacudindo a cabeça... Essa desculpa é *típica* dos gregos... Desse modo, até um certo grau antigamente os deuses serviam para justificar o ser humano, e, inclusive nas coisas mais graves, eles serviam como causa para o mal — na época eles não assumiam a punição para si, mas a culpa, pois era mais *nobre*...

24

— Encerro com três pontos de interrogação. Então vejamos: "Será que, nesse caso, um ideal é criado ou destruído?", é o que talvez me perguntem... Mas vocês mesmos já se perguntaram quão elevado foi o preço pago na Terra pela criação de *cada* ideal? Quanta realidade sempre foi desdenhada e caluniada, quanta mentira santificada, quanta consciência destruída, quanto "Deus" precisou ser sacrificado todas as vezes? Para que um santuário possa ser construído, *um santuário precisa ser destruído*: essa é a lei — mostrem-me o caso em que isso não aconteceu!... Nós, pessoas modernas, somos herdeiras de uma vivissecção da consciência e de uma autotortura animal de milênios: é nossa mais longa prática, nossa maestria artística, em todo caso nosso refinamento, o mimo de nosso gosto. Por um tempo longo demais, o ser humano encarou suas tendências naturais com um "mau olhar", até que, finalmente, elas irmanaram-se à sua "consciência pesada". Uma tentativa inversa até seria possível — mas quem seria forte o bastante para isso? Pois as tendências *não naturais*, todas aquelas aspirações ao que está além, ao que é adverso aos sentidos, aos instintos, ao natural, ao animal, em suma, os ideais existentes até agora, todos os ideais hostis à vida, difamadores do mundo devem ser irmanados à consciência pesada. A quem, então, devemos dirigir-nos com *essas* esperanças e exigências?... Justamente as pessoas *boas* estariam contra nós; e além delas, como é razoável, as acomodadas, reconciliadas, vaidosas, fúteis, cansadas... O que ofende mais profundamente, o que aliena mais sistematicamente do que deixar perceber algo do rigor e da superioridade com que tratamos a nós mesmos? E novamente — quão acolhedor, quão afetuoso mostra-se o mundo inteiro conosco, à medida que fazemos tudo como todo mundo, e nos "deixamos levar" como todo mundo!... Para esse objetivo precisaríamos de uma *outra* espécie de espíritos, diferentes dos prováveis justamente nessa era: espíritos fortalecidos por guerras e vitórias, aos quais a conquista, a aventura, o perigo, a dor até se tornaram uma necessidade; para isso seria necessário nos acostumarmos com o vento cortante, o ar elevado, com andanças invernais, com gelo e montanhas em todos os sentidos, para isso seria necessária uma espécie de maldade sublime em si mesma, uma última e mais autoconsciente malícia do reconhecimento, que é parte da grande saúde, seria necessária, em suma, justamente essa *grande saúde*!... Será que ela justamente hoje ainda seria possível? Mas em algum momento, em tempos mais fortes do que esse presente podre, duvidoso, ele precisa vir, ele, o ser humano *redentor* do grande amor e do desprezo, o espírito criador, cuja força motriz o empurra sempre para longe de todo isolamento e todo além, cuja solidão é mal compreendida pelo povo, como se ela fosse uma fuga *diante* da realidade — enquanto ela é apenas um mergulho, uma imersão, um aprofundamento *na* realidade, para que ele traga de volta, quando voltar à luz, a *redenção* dessa realidade: sua redenção da maldição que o ideal até então lançou nela. Esse ser humano do futuro que nos redimirá desse ideal, do mesmo modo como *daquilo que cresceu a partir dele*, a grande aversão, a vontade ao nada, ao niilismo, essa badalada de sino do meio-dia[45] e da grande decisão que liberta a vontade, que devolve à terra seu objetivo e ao ser humano sua esperança, esse anticristo e antiniilista, esse vencedor sobre Deus e o nada — ele *deverá vir um dia*...

25

— Mas o que estou falando aqui? Basta! Basta! Nesse ponto só me convém uma coisa, calar-me: senão eu estaria pretendendo assumir uma coisa permitida apenas para alguém mais jovem, mais do "futuro", mais forte do que eu — permitida apenas para *Zaratustra, Zaratustra, o ateu* ..

---

[45] Veja a nota 2 do prólogo deste livro.

Terceiro Ensaio

Qual é o significado dos ideais ascéticos?

"Corajosos, despreocupados, sarcásticos, violentos — é como a sabedoria nos quer: ela é uma mulher e sempre ama somente aquele que é guerreiro."

Assim falou Zaratustra

1

Qual é o significado dos ideais ascéticos? — Para os artistas, eles não significam nada, ou muita coisa diversa; para os filósofos e eruditos, algo como o faro e o instinto para as precondições favoráveis à elevada espiritualidade; para as mulheres, no melhor dos casos, uma amabilidade a mais para a sedução, com um pouco de *morbidezza*[1] numa bela carne, o angélico em um belo e roliço animal; para os fisiologicamente vitimados e mal-humorados (a *maioria* dos mortais), uma tentativa de se acharem "bons demais" para este mundo, uma forma sagrada de fuga, seu principal

[1] Do italiano, "morbidez".

remédio na luta contra a dor lenta e o tédio; para os sacerdotes a própria crença no sacerdócio, seu melhor instrumento de poder, inclusive a "mais sublime permissão" para o poder; para os santos, finalmente, um pretexto para a hibernação, sua *novissima gloriae cupido*,[2] seu repouso no nada ("Deus"), sua forma de loucura. Mas o fato de o ideal ascético significar tanto para o ser humano expressa a condição básica da vontade humana, seu *horror vacui*[3]: *ele precisa de um objetivo* — e prefere querer o *nada* do que *não* querer. — Vocês me entendem?... Entenderam-me?... "*Absolutamente não, meu senhor!*" Comecemos então desde o início.

2

Qual é o significado dos ideais ascéticos? — Ou, pegando um caso avulso, em relação ao qual várias vezes me pediram um conselho: o que significa, por exemplo, quando um artista como Richard Wagner,[4]

---

[2] Do latim, "a novíssima cupidez de glória"".

[3] Do latim, "horror ao vazio".

[4] Wilhelm Richard Wagner (1813–1883) foi ensaísta, maestro, compositor, diretor de teatro alemão, conhecido por suas óperas. Sua amizade com Nietzsche começou em 1868. O filósofo o admirava profundamente, principalmente pela temática da tragédia grega com seus deuses pagãos, em suas composições. Nietzsche vislumbrava nelas um renascimento da arte trágica no cenário cultural europeu, especialmente alemão. Na sua obra *Die Geburt der Tragödie* (*O nascimento da tragédia*), de 1872, o filósofo dedica todo o prefácio ao amigo. Porém, com a crescente submissão de Wagner ao cristianismo, a relação deles chega ao fim, no ano de 1879.

em seus dias tardios de castidade, presta uma homenagem a algo ou alguém? Naturalmente, num certo sentido ele sempre fez isso; porém só no final ele o fez num sentido ascético. O que significa essa mudança de "sentido", essa transposição radical de sentido? Pois foi isso que aconteceu, Wagner saltou diretamente ao seu oposto. O que significa quando um artista salta ao seu oposto?... Supondo que queiramos parar um pouco nessa pergunta, então logo nos lembramos daquela época tão melhor, tão mais forte e *ousada*, que talvez tenha existido na vida de Wagner: a época em que a ideia do casamento de Lutero ocupou sua mente de forma muito íntima e profunda. Quem poderá saber quais os acasos ligados àquele fato que nos levaram a ter, hoje, a obra chamada de *die Meistersinger*[5] (Os mestres cantores) em vez de *die Hochzeit Luthers*[6] (O casamento de Lutero)? E quanto desta última talvez ainda ressoe na anterior? Mas não há dúvida de que também nesse "O casamento de Lutero" se tivesse tratado

---

[5] *Os mestres cantores de Nuremberg* (*Die Meistersinger von Nürnberg*) é a única comédia de Wagner ainda em repertório; apresentada pela primeira vez em 1868, em Munique, é também uma de suas óperas mais longas. Um dos personagens principais é Hans Sachs, uma figura histórica (1494–1576), foi um dos mestres cantores mais famosos da história.

[6] Em seu tratado *Sobre a vida conjugal* (*Vom ehelichen Leben*), do ano de 1522, Lutero enfatiza o primeiro mandamento bíblico "Sede férteis e multiplicai-vos", e defendeu a supressão dos votos de celibato e de castidade para os monges e freiras. Casou-se em 1525 com a ex-freira Katharina von Bora (em português, a transcrição de seu nome é Catarina de Bora) e teve com ela seis filhos. Sobre Lutero, veja também a nota 19 do segundo ensaio deste livro.

de um louvor à castidade. E também de um louvor à sensualidade — e justamente isso pareceu-me estar mais de acordo, com ele, mais "wagneriano". Pois não há um antagonismo necessário entre castidade e sensualidade; todo bom casamento, toda verdadeira relação amorosa vai além desse antagonismo. Ao que me parece, Wagner teria *feito muito bem* regalando os alemães com esse *agradável* fato, com a ajuda de uma fagueira e corajosa comédia sobre Lutero, pois há e houve entre os alemães sempre muitos difamadores da sensualidade, e o maior mérito de Lutero não foi ter a coragem de exercer sua *sensualidade* (— que na época foi chamada delicadamente de "liberdade evangélica"...). Porém até mesmo naqueles casos, em que realmente existe um antagonismo entre castidade e sensualidade, felizmente ele não precisa ser tão trágico. Pelo menos isso deveria valer para todos os mortais bem-sucedidos, bem-dispostos, que estão longe de adicionar, às razões contrárias, seu instável equilíbrio entre "animal e anjo" às razões contrárias à existência — os mais refinados e lúcidos, como Goethe, como Hafis,[7] viram nisso até um encanto *a mais* na vida. Justamente essas "contradições" são os atrativos da nossa existência... Por outro lado, entende-se muito

[7] Khwāja Šamsu d-Dīn Muhammad Hāfez-e Šīrāzī (1315–1390), conhecido por Hafez, ou Hafis, nasceu na cidade de Shiraz, na Pérsia (hoje, Irã), e foi um poeta lírico e místico persa. Sua principal obra, *O Divan* (aquele que sabe o Alcorão de cor) contém, entre outros, uma seleção de seus "gazéis", poemas líricos, com temas místicos e amorosos.

bem que, quando os porcos infelizes são induzidos a louvar a castidade — e esses porcos existem! — eles apenas vão ver e louvar nela o seu oposto, o oposto dos porcos infelizes — oh, e com que grunhido e empenho! Podemos até imaginar — essa oposição dolorosa e supérflua que, no final da sua vida, Richard Wagner indiscutivelmente quis transformar em música, e apresentar no palco. Mas *para quê* — podemos perguntar justamente, pois o que importam a ele, o que importam a nós, os porcos? —

3

Naturalmente não há como se evitar aquela pergunta: na verdade, o que lhe importou aquela viril "simplicidade campestre" (oh, tão pouco viril), daquele pobre diabo criado na natureza chamado Parsifal,[8] que finalmente, com meios tão ardilosos, foi convertido ao catolicismo — como? Será que esse Parsifal foi imaginado *seriamente*? Na verdade, poderíamos ser

---

[8] Ópera em três atos de autoria de Richard Wagner, cuja estreia ocorreu em julho de 1882, na cidade de Bayreuth, e baseada no poema épico *Parzival* (escrito entre 1200 e 1210), de Wolfram von Eschenbach. O herói, assim chamado de "inocente puro" (que é o significado de Parsifal) é um dos cavaleiros da Távola Redonda que, com o Santo Graal e a lança sagrada, redime o rei Amfortas. A ópera é importante porque nela Wagner deixa de lado os deuses pagãos das óperas anteriores, e assume o Deus da cultura judaico-cristã. Esse foi o principal motivo do rompimento de Nietzsche com o artista.

tentados a supor, até mesmo a desejar, o inverso — que o Parsifal wagneriano tenha sido imaginado alegre, ao mesmo tempo como uma peça derradeira e um drama satírico, com o qual o trágico Wagner, de uma forma digna, justamente adequada a ele, quis despedir-se de nós e também de si mesmo, e sobretudo *da tragédia*. E isso com um excesso da maior e mais ousada paródia sobre o trágico em si, de toda a horrível seriedade e miséria da Terra desde então, e da *forma mais grosseira*, finalmente superada, da antinatureza do ideal ascético. Por assim dizer, isso teria sido digno de um grande trágico: de alguém que, como todo artista, só chega ao ápice de sua grandeza quando consegue ver a si e ver sua arte *abaixo* de si — quando consegue *rir* de si mesmo. Será que o *Parsifal* de Wagner é seu secreto riso de superioridade sobre si mesmo, o triunfo da conquista de sua derradeira e maior liberdade de artista, seu além-mundo de artista? É o que, por assim dizer, até desejaríamos: pois o que seria o Parsifal *imaginado seriamente*? Será que realmente temos necessidade de ver nele (como me disseram) "a cria infernal de um ódio enlouquecido pelo conhecimento, pelo espírito e a sensualidade"? Uma maldição do sentido e do espírito *num único* átimo de ódio? Uma apostasia[9] e retorno aos ideais cristãos enfermiços e obscurantistas? E por último até uma negação de si mesmo, uma anulação de si mesmo, por parte de um artista que até então, com

---

[9] Abjuração, mudança de crença, deserção da fé, abandono de um partido ou de uma antiga opinião.

toda a força de sua vontade, visava apenas o contrário, ou seja, a mais elevada *espiritualização e sensualização* de sua arte? E não apenas de sua arte, mas também da sua vida. Podemos lembrar-nos como, em seu tempo, Wagner entusiasmou-se ao caminhar nas pegadas do filósofo Feuerbach:[10] a palavra de Feuerbach sobre a "sensualidade sadia" — nos anos trinta e quarenta isso soou a Wagner, e também a muitos alemães (— eles chamavam a si mesmos de "*jovens* alemães"), como a palavra da redenção. Será que, com isso, ele *mudou* o que tinha *aprendido*? Pois no mínimo parece que a esse respeito, ele teve vontade de *mudar* o que queria *ensinar*... E não apenas no palco com as trombetas de *Parsifal* — nos soturnos, igualmente tímidos e confusos escritos de seus últimos anos[11] há centenas de trechos nos quais se revela um desejo e uma vontade secretos, uma vontade desalentada, indecisa, inconfessável, de pregar o retorno, a conversão, a negação, o cristianismo, a Idade Média, e dizer aos seus discípulos: "Isso não é nada! Busquem a salvação em outro lugar!". Até mesmo o "sangue do redentor" é invocado...

---

[10] Ludwig Feuerbach (1804–1872), filósofo alemão, discípulo de Hegel. Seu pensamento é uma transição entre o idealismo alemão e o materialismo histórico de Marx. Suas principais obras são *Abelardo e Heloísa* e *Sobre Filosofia e Cristianismo*.

[11] Nos seus últimos anos de vida Wagner escreveu vários textos sobre o cristianismo, entre os quais "Heroísmo de cristandade", de 1880.

4

Num caso como esse, que tem muito de constrangedor, darei a minha opinião — e esse é um caso *típico* —: certamente a melhor coisa a fazer é separar o artista da sua obra, para não o levarmos tão a sério como à sua obra. Afinal ele é apenas a precondição da sua obra, o ventre materno, o solo, e sob certas circunstâncias o adubo e o esterco dos quais ela cresce — e assim, na maioria dos casos, algo que devemos esquecer, se quisermos deleitar-nos com a obra em si. O olhar para a *origem* de uma obra cabe aos fisiologistas e vivisseccionistas do espírito: jamais às pessoas ligadas à estética, os artistas! Para o poeta e criador do *Parsifal*, uma profunda e assustadora vivência com a descida aos contrastes anímicos medievais, um afastamento hostil de todas as alturas, rigores e cultivos do espírito, uma espécie de *perversidade* (se me permitirem usar essa palavra) intelectual, foram tão pouco poupados quanto são poupadas a uma mulher grávida as aversões e esquisitices da gravidez: coisas que, por assim dizer, devemos *esquecer*, para nos alegrarmos com a chegada da criança. Devemos proteger-nos da confusão em que um artista incorre facilmente, por *contiguity*[12] psicológica, para falar como os ingleses: como se ele mesmo *fosse* aquilo que sabe apresentar, imaginar, expressar. De fato, *se* ele fosse tudo isso, simplesmente não

---

[12] Do inglês, "contiguidade".

o apresentaria, imaginaria, expressaria; um Homero não teria criado um poema sobre Aquiles, um Goethe não teria criado um poema sobre Fausto, se Homero tivesse sido um Aquiles e Goethe um Fausto. Um artista completo e inteiro é separado do que é "real", do que é realidade, por toda a eternidade; por outro lado entendemos como ele pode cansar-se dessa eterna "irrealidade" e falsidade de sua existência mais íntima, às vezes até o desespero — e que depois tente alcançar aquilo que lhe é mais proibido, ou seja, a realidade, a vontade de ser real. Será que ele teria êxito nisso? Podemos adivinhá-lo... É a *típica veleidade* do artista: a mesma veleidade à qual também o envelhecido Wagner sucumbiu, e que ele teve de expiar, pagando tão caro e de forma tão fatídica (— por meio dela, ele perdeu muitos de seus amigos mais valiosos). Mas, por último, apesar de toda essa veleidade, quem não desejaria, pelo próprio Wagner, que ele se tivesse despedido de nós e de sua arte de *outro modo*, não com um *Parsifal*, mas como um vencedor, mais autoconfiante, mais wagneriano — de uma forma menos confusa, menos ambígua em relação a todo seu querer, menos schopenhaueriana, menos niilista?...

5

— Qual é o significado dos ideais ascéticos? No caso de um artista, podemos entendê-lo de imediato: eles não significam *nada*!.. Ou significam tanto, que é como se não significassem nada!.. Primeiro eliminemos os artistas: eles não se situam independentes o bastante no mundo e *contra* o mundo, para que seus juízos de valor e respectivas mudanças mereçam algum interesse! Em todos os tempos eles foram lacaios de uma moral, uma filosofia ou uma religião; e mais ainda, apesar de lamentavelmente, com bastante frequência, eles terem sido também os vassalos subservientes de seus adeptos e protetores, e aduladores xeretas de antigas ou recém-emergentes autoridades. No mínimo eles precisam sempre de um escudo, um suporte, uma autoridade bem estabelecida; os artistas nunca estão por si mesmos, a autonomia é contrária aos seus mais profundos instintos. Assim, por exemplo, quando "havia chegado a hora", Wagner adotou o filósofo Schopenhauer para ser seu homem da linha de frente, seu escudo — quem poderia imaginar que ele teria a coragem para um ideal ascético sem o suporte que lhe era oferecido pela filosofia de Schopenhauer, sem a autoridade de Schopenhauer, alcançada nos anos setenta na Europa, *com grande preponderância*? (E, além disso, sem considerar se na *nova* Alemanha teria sido possível a existência de um artista sem o leite do modo devoto de pensar, o modo de pensar do reino.) — E com isso chegamos à pergunta mais séria: o que quer dizer quando um verdadeiro *filósofo* louva o ideal ascético, um filósofo com um espírito realmente centrado em si mesmo como Schopenhauer, um homem e cavaleiro de olhar brônzeo, que tem a coragem de ser ele mesmo, que sabe ser autônomo e não espera, primeiro, pelos homens da linha de frente e pelos sinais superiores? — Ponderemos aqui imediatamente sobre a posição de Schopenhauer em relação à arte, uma posição estranha e até mesmo fascinante para certo tipo de pessoa: pois ela foi evidente, por causa dela, em primeiro lugar, Richard Wagner passou para o lado de Schopenhauer (convencido a isso por um poeta que, como sabemos, foi Herwegh)[13] e isso a ponto de criar uma contradição totalmente teórica entre seu antigo e seu posterior credo estético — o primeiro, por exemplo, expresso na "ópera e drama", e o último nos escritos que ele publicou a partir de 1870. Especialmente Wagner mudou, sem muita consideração, aquilo que talvez cause mais estranheza dali em diante, ou seja, seu juízo sobre o valor e a posição da própria música: não se importou por ter feito dela até então um remédio, um meio, uma "mulher", que simplesmente precisa de um objetivo, de um homem, para florescer — ou seja, do drama! De repente ele entendeu que se podia fazer *mais* com a teoria e a renovação de Schopenhauer *in majorem musicae gloriam*[14] — ou seja, com a *soberania* da música, da forma como Schopenhauer a entendia: a música afastada de todas as outras artes, a arte

---

[13] Georg Friedrich Rudolf Theodor Andreas Herwegh (1817–1875) foi um poeta e tradutor alemão. Revolucionário socialista, ele foi, no século XIX, ao lado de Heinrich Heine e Ferdinand Freiligrath, um dos mais populares poetas alemães politicamente engajados.

[14] Do latim, "para a maior honra da música".

independente em si, *não* como oferecida por essas cópias da fenomenalidade, porém muito mais usando a linguagem da vontade, diretamente a partir do "abismo", como sua manifestação mais própria, mais original, mais independente. Com esse extraordinário aumento do valor da música, ao que parece, a partir da filosofia schopenhaueriana, de repente o apreço ao *próprio músico* também aumentou incrivelmente: ele se tornou um oráculo, um sacerdote, até mais do que um sacerdote, uma espécie de comunicador do "em si" das coisas, um telefone do além — dali em diante ele não só falava música, esse ventríloquo de Deus — ele falava metafísica: não é de admirar que finalmente um dia ele falasse *ideais ascéticos*?...

6

Schopenhauer aproveitou para si a concepção kantiana do problema estético — apesar de certamente não tê-lo olhado com os olhos kantianos. Kant pretendia prestar uma homenagem à arte quando, dentre os predicados do belo, privilegiou e colocou em primeiro plano aqueles que honram o conhecimento: impessoalidade e universalidade. Se isso não foi principalmente um equívoco, não discutiremos aqui; a única coisa que quero sublinhar é que Kant, como todos os filósofos, em vez de contemplar o problema estético a partir das experiências do artista (o criador), refletiu sobre a arte e o belo apenas a partir do "espectador", e com isso, sem perceber, incluiu o próprio "espectador" no conceito de "belo". Se pelo menos esse "espectador" fosse suficientemente conhecido pelo filósofo do belo! — ou seja, como um grande fato concreto e uma experiência *pessoal*, como uma abundância de fortes vivências próprias, desejos, surpresas, encantamentos, no âmbito do belo! Mas, como temo, o que ocorreu foi sempre o contrário: e assim, desde o princípio, obtemos aquelas definições — como naquela definição famosa que Kant faz do belo —, nas quais a falta de uma autoexperiência mais refinada aparece na figura de um gordo verme, o verme do erro fundamental. "Belo", disse Kant, "é o que agrada *sem nenhum interesse*". Sem interesse! Podemos comparar essa definição com aquela outra feita por um verdadeiro "espectador" e artista — Stendhal,[15] que uma vez chamou o belo de *une promesse de bonheur.*[16] Em todo caso, nisso é justamente *recusado* e riscado o que Kant enfatiza na condição estética: *le désintéressement.*[17] Quem tem razão, Kant ou Stendhal? — Se naturalmente nossos especialistas em estética não se cansarem de colocar na balança, a favor de Kant, o argumento de que, sob a magia da beleza poderíamos *até* olhar "sem interesse" para estátuas femininas nuas, poderemos até rir um pouco à custa deles — em relação

[15] Henri Marie Beyle, mais conhecido como Stendhal (1783–1842), escritor francês. Entre suas principais obras estão *O vermelho e o negro*, de 1830, e *A cartuxa de Parma*, de 1841.
[16] Do francês, "uma promessa de felicidade".
[17] Do francês, "o desinteresse".

a esse ponto delicado, as experiências dos artistas são mais "interessantes", e em todo caso Pigmalião[18] *não* foi necessariamente uma "pessoa não estética". É melhor acreditarmos na inocência de nossos especialistas em estética, que se reflete nesses argumentos; vamos, por exemplo, homenagear Kant pelo que ele sabe ensinar, com a ingenuidade de um pároco campestre, sobre a peculiaridade do sentido do tato! E aqui voltamos a Schopenhauer, que numa medida bem diferente de Kant estava mais próximo das artes, e mesmo assim não conseguiu livrar-se do sortilégio da definição kantiana; como isso aconteceu? A situação é bem surpreendente: ele interpretou a expressão "sem interesse" de uma forma muito pessoal, a partir de uma experiência que para ele deve ter sido incluída entre suas experiências mais corriqueiras. Schopenhauer fala de poucas coisas com tanta segurança como sobre o efeito da contemplação estética: ele diz que ela exerce um efeito justamente inverso ao "interesse" *sexual*, portanto, semelhante ao do lúpulo e da cânfora;[19] ele nunca se cansou de louvar esse "livrar-se da vontade" como a grande vantagem e utilidade da condição estética. Somos tentados a perguntar se sua concepção

---

[18] Na mitologia grega, Pigmalião foi um escultor e rei de Chipre, que se apaixonou por uma estátua de mulher, esculpida por ele.

[19] O lúpulo (*Humulus lupulus*) é uma planta usada na fabricação de cerveja. Ao ser cozido, libera resinas de sabor amargo, e tem propriedades calmantes. A cânfora (*Cinnamomum camphora*) é a seiva proveniente da canforeira. É utilizada como incenso e no preparo de medicamentos, e tem ação inibidora dos desejos sexuais.

básica de "vontade e representação", a ideia de que só poderia haver uma libertação da "vontade" por meio da "representação", não teria tido sua origem numa generalização daquela experiência sexual. (Devemos mencionar que em todas as perguntas relativas à filosofia schopenhaueriana, nunca podemos deixar de lembrar que ela é a concepção de um jovem de vinte e seis anos de idade; assim, ela faz parte não apenas do que é específico em Schopenhauer, mas também do que é específico daquele momento da sua vida.) Ouçamos, por exemplo, um dos trechos mais expressivos dentre os inúmeros que ele escreveu em homenagem à condição estética (*O mundo como vontade e representação,* III, seção 38), ouçamos o tom, o sofrimento, a felicidade, a gratidão, com a qual essas palavras foram ditas. "Essa é condição sem dor que Epicuro[20] louvou como o bem maior e a condição dos deuses; naquele instante sentimo-nos livres da indigna opressão da vontade, celebramos o sabá do trabalho forçado da vontade, a roda de Íxion[21] para de girar..."

---

[20] Epicuro de Samos (341–270 a.C.) foi um filósofo grego que visava a alcançar a felicidade; esta seria constituída da aponia (ausência da dor física) e da ataraxia (alma tranquila). Fundou sua própria escola filosófica, chamada de "O Jardim", na cidade de Atenas.

[21] Na mitologia grega, Íxion foi rei dos lápitas, um povo que habitava a Tessália. Ele prometeu dar a Eioneu seus cavalos em troca da mão de sua filha, mas não cumpriu a promessa, fazendo que Eioneu os tomasse à força. Jurando vingança, Íxion matou o sogro, e, arrependido, enlouqueceu. Depois de possuir a esposa de Zeus, Íxion foi lançado no Tártaro e amarrado a uma roda que girava eternamente, onde, ao mesmo tempo, era torturado pelas Fúrias. Era um castigo pela sua falta de limites em relação aos homens e aos deuses.

Que palavras veementes! Que imagens de suplício e de longo fastio! Que confronto quase patológico do tempo "naquele instante" e as "rodas de Íxion", o "trabalho forçado da vontade", a "indigna opressão da vontade"! Mas, supondo que Schopenhauer tivesse cem vezes razão, o que com isso teria sido feito para se vislumbrar a essência do belo? Schopenhauer descreveu *um* efeito do belo, o de calmante da vontade — será que ele também ocorre regularmente? Stendhal, que, por assim dizer, tinha uma natureza não menos sensual, porém mais feliz que a de Schopenhauer, enfatiza outro efeito do belo: "O belo *promete* felicidade"; para ele, os fatos mostram justamente a *excitação da vontade* ("do interesse") por meio do belo. E, por fim, será que não poderíamos objetar o próprio Schopenhauer, que se considerou kantiano sem razão alguma, pois absolutamente não entendeu kantianamente a definição do belo, de Kant — de que para ele também o belo agrada a partir de um "interesse", e até de um interesse mais forte, mais pessoal: aquele do torturado, que se vê livre de sua tortura?... E, para voltarmos à nossa primeira pergunta, "o que *significa* quando um filósofo mostra seu apreço ao ideal ascético?" — pelo menos obtemos aqui um primeiro sinal: ele quer ver-se livre *de uma tortura*. —

7

Evitemos mostrar uma expressão sombria diante da palavra "tortura": justamente nesse caso há bastante a acrescentar em contrário, bastante a descontar — e resta mesmo algo do que rir. Pois não devemos subestimar que Schopenhauer, que na prática tratou a sexualidade como um inimigo pessoal (inclusive o seu instrumento, a mulher, esse "*instrumentum diaboli*"),[22] *precisava* de inimigos para permanecer bem-disposto; que ele amava as palavras ferozes, ásperas, negras; que ele se zangava só por se zangar, por paixão; que ele teria ficado doente e até se tornado pessimista (— pois não o era, por mais que o quisesse) sem os seus inimigos, sem Hegel,[23] sem a mulher, a sensualidade e toda a vontade de existir, de permanecer. É que, caso contrário, Schopenhauer nem teria permanecido, podemos apostar nisso, ele teria fugido; mas seus inimigos o seguravam, instigavam-no constantemente à permanência, e assim, como entre os antigos cínicos,[24] sua raiva era seu bálsamo, seu repouso, sua compensação, seu remédio contra o asco, era a sua *felicidade*. Isso em relação ao

---

[22] Do latim, "instrumento do diabo" (ver Schopenhauer, "Parerga e Paralipomena", vol II, cap. 27 "Sobre as mulheres").

[23] Georg Wilhelm Friedrich Hegel (1770–1831), filósofo alemão. Defende a interpretação sistemática e definitiva da realidade na diversidade de suas manifestações, inclusive em seu desenvolvimento histórico. Sua filosofia tornou-se o ponto de partida do materialismo dialético que levou ao socialismo científico. Exerceu forte influência sobre muitos filósofos posteriores, como Marx, Feuerbach, Kierkegaard e outros.

[24] O cinismo (a palavra tem origem no termo grego *kyon* que significa "cão") foi uma corrente filosófica fundada por Antístenes, discípulo de Sócrates. Seus adeptos viviam à margem das convenções sociais, em total liberdade e desprendimento, numa vida totalmente natural, desprezando os valores e regras culturais. Seu mais famoso representante foi Diógenes, que vivia num barril.

que era mais pessoal no caso Schopenhauer; por outro lado, há nele mais uma coisa típica — e só agora chegamos novamente ao nosso problema. Este último consiste, indiscutivelmente — desde que existem filósofos na Terra e em todos os lugares em que eles existiram (da Índia à Inglaterra, só para mencionar os polos opostos dos talentos para a filosofia) — numa verdadeira irritabilidade rancorosa dos filósofos contra a sensualidade — Schopenhauer é apenas o mais eloquente dentre eles, e, se tivermos ouvidos para isso, também o seu extravasamento mais arrebatador e encantador —; existe ao mesmo tempo um preconceito e uma afeição dos filósofos em relação a todo o ideal ascético, não devemos iludir-nos sobre isso. Ambos pertencem, por assim dizer, ao tipo; se um filósofo não tiver esses dois, então ele — disso podemos ter certeza — será sempre apenas um "assim chamado...". O que *significa* isso? Precisamos primeiro interpretar esse fato: em si mesmo, ele se encontra ali, tolo por toda a eternidade, como toda "coisa em si". Todo animal, inclusive a *bête philosophe*,[25] luta instintivamente por um *optimum* de condições favoráveis, entre as quais ele possa liberar toda a sua força e alcançar seu máximo em sentimento de poder; também instintivamente e com um faro refinado, "maior que toda razão", todo animal sente horror das perturbações e obstáculos que se interpõem ou poderiam interpor-se

---

[25] Do francês, "o animal que filosofa".

entre ele e seu caminho a esse *optimum* (— *não* falo de seu caminho à "felicidade", mas de seu caminho ao poder, à ação, à ação poderosa, e na maioria dos casos, de fato, de seu caminho à desgraça). Desse modo o filósofo sente horror ao casamento, inclusive a tudo e todos que pretendam convencê-lo a ele — o casamento como obstáculo e infelicidade no seu caminho ao *optimum*. Qual o grande filósofo que até hoje se casou? Heráclito,[26] Platão,[27] Descartes,[28] Spinoza,[29] Leibniz,[30] Kant,[31] Schopenhauer[32] — todos eles não foram casados: e mais ainda, nem mesmo podemos *imaginá-los* casados. Um filósofo casado pertence à *comédia*, este é meu princípio; e aquela exceção chamada Sócrates[33] — o malévolo Sócrates parece ter-se casado *ironicamente*, apenas para justamente demonstrar *esse* princípio. Todo filósofo falaria como

---

[26] Heráclito: ver nota 39 do segundo ensaio.

[27] Platão: ver nota 21 do prólogo deste livro.

[28] René Descartes (1596–1650), filósofo e matemático francês.

[29] Spinoza: ver nota 20 do prólogo deste livro.

[30] Gottfried Wilhelm Leibniz (1646–1716), filósofo, físico e diplomata alemão.

[31] Kant: ver nota 22 do prólogo deste livro.

[32] Schopenhauer: ver nota 17 do prólogo deste livro.

[33] Sócrates (469–399 a.C.) foi um dos mais importantes filósofos gregos do período clássico, destacando-se nos campos da ética, da lógica e da epistemologia. Foi o mestre de Platão e Xenofonte, entre outros. Após diversas acusações de não respeitar os deuses gregos e de corromper a juventude, ele foi condenado à morte, mas antes suicidou-se tomando veneno (cicuta) aos setenta anos de idade. Foi casado com Xantipa, que tinha fama de ser temperamental. É dele a frase: "Se você arrumar uma boa esposa será feliz, se arrumar uma esposa ruim, se tornará um filósofo".

Buda falou um dia, quando lhe anunciaram o nascimento de um filho: "Râhula[34] nasceu de mim, e em mim forjaram grilhões" (Râhula significa aqui "um pequeno demônio"). Cada "espírito livre" deveria ter uma hora de reflexão, pressupondo-se que antes ele tivesse tido uma hora de total despreocupação, como no caso do próprio Buda — "muito opressora", pensou ele, "é a vida doméstica, um local de impureza: a liberdade chega quando se abandona a casa": ao pensar isso, ele deixou sua casa. Nos ideais ascéticos há tantas indicações de pontes para a independência, que um filósofo não deixa de ouvir, sem um regozijo e um aplauso interiores, a história de todos aqueles homens decididos, que um dia disseram *não* a toda a falta de liberdade e foram para um *deserto* qualquer: pressupondo-se até que eram apenas grandes asnos e totalmente o oposto de grandes espíritos. Então, a partir disso, o que significa o ideal ascético em um filósofo? Minha resposta é — já o adivinhamos há muito: o filósofo sorri ao olhar para um *optimum* das condições de uma elevada e ousada espiritualidade — com isso ele não renega "a existência", porém afirma muito mais a *sua* existência e *apenas* a sua existência, e isso talvez a um grau em que esse injurioso desejo não lhe seja tão estranho: *pereat mundus, fiat philosophia, fiat philosophus, fiam!...*[35]

---

[34] Do sânscrito, "grilhão".

[35] Do latim, "mesmo que o mundo pereça, a filosofia viverá, o filósofo viverá, eu viverei!".

8

Podemos ver que, no que diz respeito ao *valor* do ideal ascético, esses filósofos não são testemunhos e juízes tão íntegros assim! Eles pensam *em si* — o que lhes importa "o santo"! Eles pensam no que justamente *lhes* é o mais indispensável: libertação da opressão, da perturbação, do barulho, dos negócios, das obrigações, das preocupações; santidade na cabeça; dança, salto e voo dos pensamentos; um bom ar, refinado, claro, livre, seco, como é o ar das alturas, em que todo ser animal torna-se mais espiritual e ganha asas. Tranquilidade em todos os porões; todos os cães presos nas correntes; nenhum latido de hostilidade e nenhum rancor descabelado; nenhuma ambição destruída pelos vermes roedores, vísceras modestas e submissas, eficientes como moinhos, mas distantes; o coração estranho, além, futuro, *posthumus* — quanto ao ideal ascético eles pensam sobretudo no sereno ascetismo de um animal divinizado que está preparado para o voo, que mais flutua pela vida do que nela pousa. Sabemos quais são as três grandes palavras pomposas do ideal ascético: pobreza, humildade, castidade: então vejamos de perto a vida de todos os grandes espíritos fecundos e inventivos — sempre reencontraremos neles, até um certo grau, todas essas três. Mas, como se entende por si só, *não* como se fossem suas "virtudes" — o que esse tipo de gente teria a ver com virtudes! — mas como as verdadeiras e mais naturais condições de sua melhor existência, sua *mais bela* fecundidade.

Com isso é bem possível que, antes de tudo, a sua espiritualidade dominante tivesse de impor rédeas a um orgulho indomável e irascível, ou a uma sensualidade maliciosa, ou que tivesse de refrear sua vontade a um "deserto" talvez com muita dificuldade, contra uma tendência ao luxo e ao que há de mais até seleto, inclusive contra uma liberalidade de mão e coração. Mas esse tipo de gente fazia isso justamente como um instinto *dominante*, que impunha suas exigências a todos os outros instintos — e ainda o faz: se não o fizesse, não dominaria. Portanto, não há nada de "virtude" nisso. Aliás o deserto, do qual falei há pouco, ao qual se retiram e no qual se isolam os espíritos fortes, independentes e de boa índole — oh, como ele parece diferente do deserto sonhado pelos eruditos! — Sob certas circunstâncias, o deserto são eles mesmos, esses eruditos. E é certo que todos os atores do espírito simplesmente não aguentariam permanecer nele — ele não é, nem de longe, suficientemente romântico e oriental, não é nem de longe um deserto — um teatro que lhes baste! Aliás, não faltam nele alguns camelos: mas toda a semelhança se limita a isso. Uma obscuridade aleatória talvez; um sair-do-caminho de si mesmo; um temor de barulho, honra, jornal, influência; um pequeno cargo, uma rotina diária, algo que mais esconde do que traz à luz; eventualmente lidar apenas com inofensivos e serenos animais domésticos e aves, que nos oferecem uma visão reconfortante; montanhas para fazer companhia, não mortas, porém com *olhos* (quer dizer, com lagos); sob certas circunstâncias até um quarto numa lotada hospedaria com gente do mundo inteiro, onde podemos ter a certeza de sermos confundidos, e de podermos conversar impunemente com qualquer um[36] — isso é o "deserto": oh, ele é bastante isolado, acreditem-me! Quando Heráclito[37] se recolheu aos pátios e corredores do imenso templo de Ártemis,[38] esse "deserto" era bem mais valioso, eu até reconheço; por que há tanta falta desses templos? (— talvez nem tanto: lembro-me do meu belo quarto de estudos da *piazza di San Marco*, com a presença da primavera, e também de manhã, entre dez e doze horas). Mas Heráclito fugiu da mesma coisa que agora evitamos, no nosso caminho: o barulho e a tagarelice democrática dos efésios,[39] sua política, suas novidades do "império" (Pérsia,[40] entendam-me), suas coisinhas de "hoje" do mercado — pois nós filósofos precisamos, antes de tudo, de *um* repouso: sobretudo o repouso do "hoje". Respeitamos o silêncio, o que é frio, nobre, distante, passado, enfim qualquer coisa diante da qual a alma não precise defender-se e se

---

[36] Os locais citados por Nietzsche (montanhas, hospedaria, etc.) referem-se a Sils-Maria, localidade suíça em que ele costumava passar temporadas de verão.

[37] Ver nota 39 do segundo ensaio.

[38] Ártemis era a deusa grega da caça.

[39] Efésios são os habitantes da cidade greco-romana de Éfeso, situada na costa ocidental da Ásia Menor, na atual Turquia. A carta de São Paulo aos efésios é um dos livros do Novo Testamento, da Bíblia.

[40] A menção ao império da Pérsia é uma ironia de Nietzsche, na verdade trata-se do império alemão.

fechar — algo com o qual possamos falar sem *aumentar* o tom de voz. Só ouvimos o tom de um espírito quando ele fala: cada espírito possui seu tom, ama seu tom. Aquele ali, por exemplo, deve ser um agitador, quer dizer, um cabeça oca, uma tigela oca: o que quer que entre nela, uma coisa qualquer, retorna dela obtusa e gorda, com o peso adicional do eco do grande vazio. O outro raramente fala, a não ser com a voz rouca: será que ele ficou rouco de tanto pensar? Isso seria possível — perguntemos aos fisiologistas —, mas, quem pensa em *palavras*, pensa como orador e não como pensador (ele revela que basicamente não pensa nas coisas, não pensa objetivamente, mas apenas relativamente às coisas, na verdade ele pensa *em si* e em seus ouvintes). Aquele terceiro fala importunando a todos, chega perto demais de nós, até sentimos seu bafo — involuntariamente fechamos a boca, apesar de ser apenas um livro, através do qual ele nos fala: o tom do seu estilo diz qual é o motivo disso — que ele não tem tempo, que mal acredita em si mesmo, que hoje ou talvez nunca mais ele fale. Porém um espírito seguro de si mesmo fala baixo; busca o recolhimento, deixa que esperem por ele. Reconhecemos um filósofo quando, em seu caminho, nós o vemos desviar de três coisas brilhantes e ruidosas: a fama, os príncipes e as mulheres; mas com isso ainda não está dito que não iriam atrás dele. Ele teme a luz muito clara: por isso teme seu tempo e o respectivo "dia". É como uma sombra: quanto mais o sol desce, maior ele fica. Quanto à sua "humildade", ele a tolera, como tolera a escuridão, inclusive uma certa dependência e obscurecimento; mais ainda, ele sente medo diante da perturbação provocada pelos raios, afasta-se assustado diante da falta de proteção oferecida por uma árvore isolada e abandonada demais, na qual todo mau tempo descarrega seu mau humor, todo mau humor descarrega seu mau tempo. Seu instinto "maternal", o amor secreto pelo que cresce nele, indica-lhe situações em que não se exige que pense *em si*; no mesmo sentido do instinto *da mãe* na mulher, que manteve a situação dependente da mulher até agora. Afinal eles exigem muito pouco, esses filósofos, seu lema é: "Quem possui é possuído" —: *não* como sempre preciso dizer de novo, a partir de uma virtude, de uma vontade meritória de suficiência e simplicidade, porém, porque seu senhor altíssimo o exige deles *assim*, exige-o sensata e inexoravelmente: como se tudo só tivesse sentido para uma única coisa, e apenas para ela, e reunisse e poupasse tudo, tempo, energia, amor, interesse. Esse tipo de gente não gosta de ser perturbado por inimizades nem por amizades; esquece ou desdenha facilmente. Parece-lhe ser de mau gosto representar o mártir; "*sofrer* pela verdade" — deixa isso para os ambiciosos e heróis do palco do espírito, e quem mais tiver tempo suficiente (— eles mesmos, os filósofos, já têm muito *a fazer* pela verdade). Economizam as grandes palavras; dizem que até a palavra "verdade" lhes causa aversão: ela soaria pretensiosa demais... Finalmente, no que se refere à "castidade" dos filósofos, esse tipo de espírito evidentemente concentra sua fecundidade em outro lugar que não na geração de filhos; talvez também não na transmissão dos seus nomes, a sua pequena imortalidade (com menos modéstia ainda costumava-se dizer, na antiga Índia, entre os filósofos: "Para que uma descendência, para alguém cuja alma é o mundo?"). Não há nada de castidade nisso, por algum escrúpulo ascético ou ódio à sensualidade, assim como não é por castidade que um atleta ou um jóquei evita as mulheres: Na verdade é o que quer seu instinto dominante pelo menos nos tempos de grande gestação. Todo artista sabe como é prejudicial o efeito de uma cama a dois, em condições de grande tensão e preparação espiritual; os mais fortes e de instintos mais seguros dentre eles nem precisam primeiramente da experiência, da experiência ruim — é o seu instinto "maternal" que neste caso atua para ajudar a criar a obra futura, recorrendo a todas as outras reservas e subvenções de força, de *vigor* da vida animal: a força maior *consome* a menor. Vamos então analisar o caso Schopenhauer acima discutido, de acordo com essa interpretação: aparentemente a visão do belo exercia nele o efeito de um estímulo liberador da *principal força* da sua natureza (a força da reflexão e do olhar aprofundado), de modo que ela depois explodia e de repente tornava-se dona da consciência. Com isso não deve ser excluída a possibilidade de que aquelas doçura e plenitude peculiares próprias da condição estética possam justamente ter sua origem no ingrediente "sensualidade" (assim como provém da mesma fonte aquele "idealismo" próprio de jovenzinhas casadoiras) — de que com isso a sensualidade não é suspensa com o surgimento da condição estética, como acreditava Schopenhauer, mas apenas se transfigura e não penetra mais na consciência como um atrativo sexual. (Sobre esse ponto de vista voltarei uma outra vez, em conexão com problemas mais delicados ainda, da até agora tão intocada, tão fechada *fisiologia da estética*).

9

Um certo ascetismo, como já vimos, a dura e serena negação feita com a melhor boa vontade, faz parte das condições favoráveis à mais elevada espiritualidade, e também das suas consequências mais naturais: assim, desde o início, não é de admirar se o ideal ascético nunca tenha sido tratado pelos filósofos sem algum preconceito. Numa reavaliação histórica mais séria, a ligação entre o ideal ascético e a filosofia até se revela mais estreita e rígida. Poderíamos dizer que só no *andador* desse ideal a filosofia aprendeu a dar seus primeiros passos e passinhos na Terra — ah, e ainda tão desajeitada, ah, com expressões de tanto mau humor, ah, tão prestes a cair e a ficar deitada de barriga no chão, esse pequeno e tímido ser desajeitado e frágil, com pernas tortas! No início a filosofia se sentiu como se sentiram todas as boas coisas — por muito tempo não teve coragem de se assumir, sempre olhava para trás para ver se alguém poderia ajudá-la, e, mais ainda, tinha medo de todos que olhassem para ela. Vamos enunciar os diversos impulsos e virtudes do filósofo, em sequência — seu impulso de desconfiança, seu impulso de negatividade, seu impulso de espera ("efético"),[41] seu impulso analítico, seu impulso de pesquisa, de busca, de ousadia, seu impulso de comparação, de compensação, sua vontade de neutralidade e objetividade, sua vontade a toda "*sine ira et studio*"[42] —: será que já entendemos que todos eles, por muito tempo, foram de encontro às primeiras exigências da moral e da consciência? (sem falar da *razão* em geral, que Lutero adorava chamar de "*Fraw Klüglin die kluge Hur*" [Senhora sabidinha, a meretriz inteligente]), que um filósofo, caso tivesse tomado consciência de si mesmo, deveria sentir-se como o próprio "*nitimur in vetitum*"[43] — e portanto evitava "sentir-se", evitava conscientizar-se?... Isso não é diferente, por assim dizer, de todas as outras boas coisas das quais hoje nos orgulhamos; até mesmo medidas pela escala dos antigos gregos, todo o nosso modo de ser moderno, enquanto não é fraqueza, porém poder e consciência de poder, expressa-se como uma

---

[41] A palavra deriva do grego "*ephekticoi*", usada para designar os céticos, que quando se apresentavam provocavam a dúvida e mantinham silêncio sobre seus julgamentos. Efético era o cético pirroniano, aquele que praticava essa suspensão do juízo sobre fatos e coisas.

[42] Do latim, "sem ira e sem afã".

[43] Do latim, "ambicionamos pelo que é proibido, desejamos o que nos é negado", citação de *Amores*, de Ovídio.

intensa *hybris*[44] e ausência de Deus. Pois justamente as coisas contrárias às que hoje veneramos, por muito tempo tiveram a consciência a seu lado e Deus como seu guardião. Hoje *hybris* é todo nosso posicionamento frente à natureza, a agressão à natureza com a ajuda das máquinas e da inventividade tão irresponsável de técnicos e engenheiros; *hybris* é nosso posicionamento frente a Deus — quer dizer, diante de qualquer suposta rede de finalidade e moralidade por trás da grande teia da causalidade, podemos dizer, como Carlos, o Temerário,[45] na luta contra Luís XI — *je combats l´universelle araignée*"[46] —; *hybris* é nosso posicionamento em relação a *nós mesmos*, pois realizamos experimentos conosco como não nos permitiríamos fazer com nenhum animal, e cortamos nossa alma alegres e curiosos, com nosso corpo ainda vivo; o que nos importa a "cura" da alma! Depois nos curamos sozinhos: ser doente é instrutivo, não duvidamos disso, mais instrutivo do que ser sadio — hoje os que nos deixam doentes parecem-nos mais necessários do que quaisquer médicos e "curadores". Nós nos

---

[44] *Hybris* é uma palavra grega cujo conceito representa tudo que passa da medida, tudo que é excessivo, exagerado. Relaciona-se à perda do senso de realidade de uma pessoa, que superestima suas capacidades, habilidades e competências, sobretudo quando está numa posição de poder.

[45] Carlos I, Duque de Borgonha, também chamado o Audaz, ou Temerário (1433–1477), assim como seus pais Filipe, o Bom e Isabel de Portugal, lutou para a unificação de seus domínios num Estado único.

[46] Do francês, "eu combato a aranha universal".

violentamos, não há dúvida, nós, quebra-nozes da alma, nós, questionadores e questionáveis, como se a vida não fosse outra coisa a não ser quebrar nozes; justamente por isso precisaremos necessariamente nos tornar cada vez mais questionáveis, mais dignos de questionar, e justamente talvez também mais dignos — de viver?... Todas as boas coisas já foram antes coisas ruins, todo pecado original tornou-se uma virtude original. O casamento, por exemplo, por muito tempo pareceu uma ofensa aos direitos da comunidade; antigamente pagava-se uma indulgência pela enorme presunção de se querer assumir uma mulher (faz parte disso, por exemplo, o *jus primae noctis*,[47] hoje ainda no Camboja prerrogativa dos sacerdotes, esses guardiães dos "antigos bons costumes"). Os suaves sentimentos bem-intencionados, condescendentes, compassivos — por assim dizer, de valor tão elevado, a ponto de quase serem "os valores em si" — tiveram por muito tempo o autodesprezo contra si; sentia-se vergonha da suavidade tanto quanto hoje se sente vergonha da dureza (veja *Além do bem e do mal*, parágrafo 260). A submissão ao *direito*: — oh, com quanta resistência da consciência as estirpes nobres, em todos os lugares da Terra, renunciaram à *vendetta*,[48] e aceitaram o domínio

---

[47] Do latim, "direito à primeira noite". O direito que tinha o senhor feudal da noite de núpcias de uma noiva que fosse sua súdita.

[48] Do italiano, "vingança".

do direito! O "direito" foi por muito tempo um *vetivum*,[49] um atentado, uma inovação, ele surgiu com violência, *como* violência, que se impunha a si mesmo apenas com vergonha. Desde então cada pequeno passo na Terra foi dado com um enorme sacrifício espiritual e físico: por isso, todo esse ponto de vista de que "não apenas o caminhar para a frente, não, mas o simples caminhar, o movimento, a mudança, já precisaram de seus inúmeros mártires" hoje nos soa com tanta estranheza — eu o trouxe à luz no meu livro *Aurora* (parágrafo 18). "Nada foi comprado tão caro", diz ele, "como o pouco de razão humana e de sentimento de liberdade que hoje constitui nosso orgulho. Mas é por causa desse orgulho que nos é quase impossível, agora, perceber esses longos períodos de 'moralidade dos costumes', que precederam a 'história da humanidade', como sendo a história real e decisiva que estabeleceu o caráter da humanidade: naqueles lugares em que ainda era vigente o sofrimento como virtude, a crueldade como virtude, a falsidade como virtude, a vingança como virtude, a negação da razão como virtude, e por outro lado o bem-estar como perigo, a ânsia de conhecimento como perigo, a paz como perigo, a compaixão como perigo, o ser digno de compaixão como ofensa, o trabalho como ofensa, a loucura como divindade, a *mudança* como imoral e prenhe de corrupção!". —

---

[49] Do latim, "proibido".

10

No mesmo livro, parágrafo 42, está explicada a avaliação, a *pressão* da avaliação sob a qual viveu a mais antiga estirpe de pessoas contemplativas — tão desprezada, na mesma medida em que não era temida! Não há dúvida de que a contemplação surgiu primeiro na Terra numa configuração disfarçada, num aspecto ambíguo, com um coração malévolo e muitas vezes uma cabeça amedrontada. O caráter inativo, reflexivo, pacífico dos instintos das pessoas contemplativas espalhou ao seu redor, por muito tempo, uma profunda desconfiança: contra isso não havia outro meio a não ser despertar o *medo*. E a esse respeito, por exemplo, os antigos brâmanes sabiam muito bem o que fazer! Os filósofos mais antigos sabiam dar à sua existência e sua imagem um significado, uma sustentação e um fundamento, e com isso as pessoas aprenderam a *temê-los*: ponderando melhor as coisas, foi a partir de uma necessidade ainda mais fundamental que eles o fizeram, na verdade para obter o temor e o respeito por si mesmos. Pois encontraram neles todos os juízos de valor voltados *contra* eles mesmos, tiveram de combater todo tipo de suspeita e resistência contra o "filósofo em si". Fizeram isso com meios terríveis, pois eram pessoas de tempos terríveis: a crueldade contra si mesmos, a inventiva "autoflagelação" — era o meio principal desses eremitas e reformadores do pensamento sedentos de poder, que tinham necessidade de violar, primeiro, em si mesmos os deuses e a tradição, para poderem *acreditar* na sua reforma. Lembro-me da famosa história do rei Viçvamitra,[50] que depois de mil anos de autoflagelação alcançou um tamanho sentimento de poder e de autoconfiança, que assumiu a tarefa de construir *um novo céu*: o terrível símbolo da mais antiga e mais nova história dos filósofos na Terra — qualquer um , em algum momento, construiu um "novo céu" , encontrou a força para fazê-lo, em primeiro lugar, no *próprio inferno*... Vamos resumir todos os fatos em fórmulas mais curtas: o espírito filosófico foi sempre obrigado a se disfarçar e a se transmutar primeiro nos *antigos tipos já estabelecidos* de pessoas contemplativas, como sacerdotes, mágicos, videntes, pessoas religiosas em geral, para, em alguma medida, também *serem viáveis*: por muito tempo o *ideal ascético* serviu ao filósofo como forma de se apresentar, como pressuposto de existência — ele precisava *representá-lo*, para poder ser filósofo, precisava *acreditar* nisso para conseguir representá-lo. A peculiar postura de distanciamento do filósofo, de negação do mundo, hostil à vida, descrente do seu sentido, isenta de sensualidade, uma postura mantida até os tempos mais recentes e com isso quase aceita como uma *atitude em si do filósofo* — é sobretudo uma consequência da crise das condições sob as quais o filósofo surgiu e se manteve: até então, por muito tempo a Filosofia na Terra *nem teria sido possível* sem um invólucro e uma

---

[50] Na mitologia hindu, Viçvamitra era o chefe de uma antiga família de sacerdotes e cantores, praticantes da ascese.

roupagem ascéticos, sem um autoequívoco ascético. Expressando isso de forma explícita e evidente: até os tempos mais recentes, o *sacerdote ascético* assumiu a mais adversa e sinistra forma de lagarta sob a qual a Filosofia pôde viver e se arrastar por aí... Será que isso realmente *mudou*? Será que o inseto voador colorido e perigoso, aquele "espírito" que a lagarta ocultava dentro de si, finalmente se libertou e conseguiu vir à luz, graças a um mundo mais ensolarado, mais caloroso, mais iluminado? Será que hoje já existe mais orgulho, mais ousadia, mais coragem, mais autoconfiança, mais vontade do espírito, vontade de responsabilidade, *liberdade da vontade*, para que na Terra realmente, daqui em diante, o filósofo — seja *possível*?...

11

Só agora, depois que lançamos nosso olhar sobre o *sacerdote ascético*, voltaremos ao nosso problema: o que significa o ideal ascético? Enfrentando-o seriamente — só agora a coisa fica "séria": pois agora temos o verdadeiro *representante da seriedade* à nossa frente. "O que significa toda essa seriedade?" — essa pergunta tão fundamental talvez já esteja em nossos lábios: uma pergunta para fisiologistas, como é razoável, porém pela qual ainda passamos indiferentes. O sacerdote ascético concentra nesse ideal não apenas sua fé, mas também sua vontade, seu poder, seu interesse. Seu *direito* à existência mantém-se em pé e cai com esse ideal; como não admirar que aqui nos deparamos com um terrível adversário, supondo-se que nós seríamos os adversários desse ideal? Um adversário que luta pela sua existência, contra os contestadores desse ideal?... Por outro lado, desde o início não é provável que um posicionamento tão interessado em relação ao nosso problema seja especialmente proveitoso para ele; dificilmente o próprio sacerdote ascético será o mais feliz defensor do seu ideal, pelo mesmo motivo pelo qual uma mulher será malsucedida ao defender "a mulher em si" — e muito menos ainda ele será o mais objetivo e isento dos avaliadores e juízes dessa controvérsia aqui levantada. Portanto, antes disso tentaremos ajudá-lo — já temos o suficiente para isso — a se defender bem contra nós, em vez de temermos uma boa argumentação contrária de sua parte... A ideia que discutimos aqui é a *avaliação* de nossa vida por parte dos sacerdotes ascéticos: ela (com tudo aquilo do qual ela faz parte, a "natureza", o "mundo", a esfera inteira do vir a ser e da transitoriedade) é por eles colocada numa relação com uma existência totalmente diferente, à qual ela se comporta de forma contrária e excludente, *ou seja*, volta-se contra si mesma, *nega a si mesma*: neste caso, ou seja, no caso de uma vida ascética, a vida seria como uma ponte para essa outra existência. O asceta trata a vida como se ela fosse um caminho errado, onde precisamos dar meia-volta e retornar ao seu ponto inicial; ou então como um erro que precisamos contestar por meio da ação prática — um erro que *devemos* contestar: pois ele *exige* que caminhemos com ele, ele nos impõe, sempre que pode, a *sua* avaliação da existência. O que significa isso? Não há uma forma de avaliação tão terrível inscrita na história da humanidade como sendo apenas um caso excepcional e uma curiosidade: ela é um dos mais difundidos e longevos fatos concretos que existem. Se fizéssemos uma leitura a partir de uma distante constelação, as letras maiúsculas da nossa existência na Terra talvez nos levassem à conclusão de que a Terra é a verdadeira *estrela ascética*, um rincão de criaturas descontentes, altivas, hostis, que não conseguem livrar-se de um profundo desgosto consigo mesmas, com a Terra, com toda a vida, e fazem todo o mal possível a si mesmas, só pelo prazer de fazer o mal — provavelmente seu único prazer. Lembremos com que regularidade, generalidade, em quase todos os tempos, surge o sacerdote ascético: ele não pertence a nenhuma raça em especial; viceja em todos os lugares; surge em todas as classes. Ele não cultivava nem replantava sua forma de avaliação por hereditariedade; era justamente o contrário — um profundo instinto impedia-o, num cálculo mais amplo, de realizar esse replantio. Deve ser uma necessidade de primeira linha, a que sempre induz essa espécie *adversa à vida* a crescer e a vicejar — deve ser de *interesse da própria vida* que uma espécie assim, de tanta contradição, não entre em extinção. Pois uma vida ascética é uma grande contradição: no caso, há um ressentimento sem igual, o de um instinto e uma ânsia de poder insatisfeitos que querem dominar, não sobre algo da vida, mas sobre a própria vida, sobre suas condições mais profundas, fortes e básicas. No caso é feita uma tentativa de usar a força para obstruir as fontes da força; o olhar dirige-se malévolo e irado contra o próprio desenvolvimento fisiológico, especialmente contra sua expressão, a beleza, a alegria, enquanto se sente e se *busca* um bem-estar no fracasso, na atrofia, na dor, na desgraça, na feiura, na perda arbitrária, na autonegação, na autoflagelação, no autossacrifício. Tudo isso é paradoxal em alto grau: estamos diante de uma cisão que *quer* ser cindida, que *frui* a si mesma nesse sofrimento, e se torna cada vez mais autoconfiante e triunfante, à medida que seu próprio pressuposto, a vitalidade fisiológica, se *reduz*. "O triunfo justamente na última agonia": sob essa marca superlativa é que o ideal ascético lutou desde sempre; nesse enigma da tentação, nesse quadro de arrebatamento e de martírio ele reconheceu sua luz mais clara, sua salvação, sua vitória final. *Crux, nux, lux*[51] — para ele, tudo isso é uma coisa só. —

12

Pressupondo-se que uma tão arraigada vontade à contradição e ao antagonismo seja levada a *filosofar*: no que ela vai despejar sua mais íntima arbitrariedade?

---

[51] Do latim, "cruz, noite, luz".

Justamente no que é mais seguramente percebido como verdadeiro, como real: ela vai procurar o *erro* justamente ali onde o próprio instinto vital coloca a verdade de forma mais absoluta. Ela vai, por exemplo, como faziam os ascetas da filosofia vedanta, reduzir o corpo material a uma ilusão, do mesmo modo a dor, a multiplicidade, toda a oposição conceitual de "sujeito" e "objeto" — erros, nada além de erros! Renegar a fé no seu eu, negar a si mesmo a sua "realidade" — que triunfo! — Não mais apenas sobre os sentidos, sobre a aparência, mas uma espécie muito maior de triunfo, uma violência e uma crueldade contra *a razão*: uma volúpia que chega tão ao ápice, que o autodesprezo, a auto-humilhação ascéticos decretam à razão: "*Há* um reino da verdade e do ser, mas justamente a razão está *excluída* dele!"... (Acrescentando: até mesmo no conceito kantiano de "caráter inteligível das coisas", há algo remanescente dessa ávida cisão ascética, que gosta de voltar a razão contra a razão: "caráter inteligível" significa em Kant uma espécie de condição das coisas, da qual o intelecto apenas entende que, para o intelecto — ela é *totalmente incompreensível.*) — Justamente como conhecedores não sejamos ingratos com essas inversões resolutas das perspectivas e avaliações habituais, com as quais o espírito enfureceu-se contra si mesmo, por tempo demais, provavelmente inútil e criminosamente: só por uma vez, ver e *querer* ver dessa forma diferente é uma educação e preparação do intelecto à sua futura "objetividade" — esta última não entendida como "visão desinteressada" (que, como tal, é um absurdo e um contrassenso), mas como a capacidade de possuir seus prós e contras *em seu poder*, e conseguir expô-los: de modo que saberemos tornar úteis, para o conhecimento, justamente a *diversidade* de perspectivas e de interpretações dos afetos. Portanto, meus senhores filósofos, de agora em diante tomemos mais cuidado diante da antiga e perigosa quimera conceitual, que determinou um "puro, indolente, indolor, atemporal sujeito do conhecimento", tomemos cuidado diante dos tentáculos desses conceitos contraditórios, como "razão pura", "espiritualidade absoluta", "conhecimento em si" — aqui sempre se exige um olhar que nem pode ser imaginado, um olhar que não deve ter nenhuma direção, no qual devem ser interrompidas, devem permanecer ausentes, aquelas forças ativas e interpretativas, pelas quais "ver" torna-se antes de tudo "ver algo"; portanto, exige-se do olhar um contrassenso e um absurdo. Existe *apenas* um olhar perspectivo, *apenas* um "conhecimento" perspectivo; e, quanto mais afetos permitirmos que se expressem sobre uma coisa, quanto mais olhares, diversos olhares, soubermos direcionar para a mesma coisa, tanto mais completo será nosso "conceito" sobre essa coisa, nossa "objetividade". Mas eliminar a vontade, acabar com os afetos totalmente, supondo que queiramos fazer isso: como? Será que isso não significa *castrar* o intelecto?...

13

Mas voltemos um pouco atrás. Uma contradição como essa, tal como parece apresentar-se no asceta, da "vida *contra* a vida" — como já sabemos — avaliada fisiológica e não mais psicologicamente, é simplesmente uma tolice. Ela só pode ser *aparente*; deve ser uma espécie de expressão provisória, uma interpretação, uma fórmula, um arranjo, um mal-entendido psicológico de alguma coisa cuja verdadeira natureza por muito tempo não foi entendida, por muito tempo não pôde ser definida em si — uma mera palavra, encaixada numa antiga lacuna do conhecimento humano. E apresentando brevemente os fatos: *o ideal ascético surge do instinto de proteção e cura de uma vida degenerada*, que tenta manter-se por todos os meios e luta pela sua existência; ele indica uma parcial inibição e um cansaço fisiológicos, contra os quais os instintos vitais mais profundos e que permaneceram intactos lutam sempre com novos meios e invenções. O ideal ascético é um desses meios: portanto ele é justamente o contrário do que imaginam esses veneradores desse ideal — a vida luta nele e por meio dele com a morte e *contra* a morte, o ideal ascético é um artifício para a *manutenção* da vida. Que ele tenha conseguido dominar e tornar-se poderoso sobre o ser humano até esse ponto, como nos ensina a história, especialmente em todos os lugares em que a civilização e a domesticação do ser humano foram implantadas, expressa-se num grande fato: a tendência ao *doentio* na espécie humana até hoje, pelo menos no ser humano domesticado, a luta fisiológica do ser humano contra a morte (mais exatamente contra o aborrecimento com a vida, o cansaço, o desejo do "fim"). O sacerdote ascético é o desejo encarnado de se ser outra coisa, uma coisa diferente, de se estar em outro lugar, e, aliás, ele é o mais elevado grau desse desejo, o seu verdadeiro fervor e paixão: mas justamente o *poder* do seu desejo é o grilhão que o prende; justamente com isso ele se torna o instrumento que precisa trabalhar para criar condições mais favoráveis para se "estar aqui" e para se "ser homem" — justamente com *esse poder* ele prende à existência o rebanho de todo tipo de fracassados, descontentes, desajustados, prejudicados, os que sofrem por causa de si mesmos, à medida que instintivamente ele caminha à frente deles, como pastor. Já me entenderam: esse sacerdote ascético, esse aparente inimigo da vida, esse *negador* — justamente ele está entre os grandes poderes da vida, poderes *conservadores* e *promotores do sim*... De onde ela vem, essa tendência doentia? Pois o ser humano é mais doente, inseguro, volúvel, frágil do que qualquer outro animal, não há dúvida quanto a isso — ele é *o* animal doente: de onde vem isso? Certamente ele também ousou, inovou, perseverou, desafiou o destino, mais do que todos os outros animais juntos: ele, o grande experimentador de si mesmo, o insaciado, insatisfeito, que luta contra animais, natureza e deuses pelo domínio definitivo — ele, ainda indomado, eterno futurista, que não encontra mais paz diante da força que o impulsiona, fazendo com que seu futuro o torture inexoravelmente como um espinho na carne de todo presente — como um animal assim, tão corajoso e rico, não seria também o mais ameaçado, o mais profunda e longamente doente dentre todos os animais doentes?... O ser humano está farto, com frequência há epidemias inteiras desse "estar farto" (— como em cerca de 1348, na época da dança da morte[52]): porém mesmo esse asco, esse cansaço, esse desgosto consigo mesmo — tudo surge nele com tanta força, que imediatamente torna-se um novo grilhão. O "não" que ele diz à vida traz à luz, como por um passe de mágica, uma abundância de delicados "sins"; sim, quando ele *se fere*, esse mestre da destruição, da autodestruição — mas logo depois é a própria ferida que o obriga *a viver*...

14

Quanto mais normal é a tendência do ser humano à doença — e não podemos negar essa normalidade — tanto mais deveríamos respeitar os raros casos de força anímico-corporal, os casos de êxito do ser humano,

---

[52] Ou "dança macabra", é a reprodução em imagens, bastante usual no século XIV, por ocasião da grande peste, da influência e do poder da morte sobre a vida das pessoas. Tais imagens mostram alegorias geralmente em grupos dançantes, em que se misturam mortos, vivos e moribundos, e muitas vezes são acompanhadas de versos.

e mais rigorosamente proteger dos piores ares, dos ares doentios, os bem-sucedidos. Fazemos isso?... Os doentes são o maior perigo para os sadios; o mal para os fortes *não* vem dos mais fortes, porém dos mais fracos. Sabemos disso?... Numa avaliação geral, não é o medo ao ser humano, cuja mitigação deveríamos desejar, pois esse medo obriga os fortes a serem fortes, sob certas condições, até mesmo assustadores — ele mantém *em pé* os tipos bem-sucedidos de ser humano. Do que se deve ter medo, o que tem um efeito mais fatal do que qualquer outra fatalidade não é o grande medo, mas a grande *aversão* pelo ser humano; do mesmo modo que a grande *compaixão* por ele. Supondo que estes dois últimos um dia se casassem, inevitavelmente logo surgiria algo de muito misterioso na Terra, a "última vontade" do ser humano, sua vontade ao nada, ao niilismo. E de fato: há muita coisa já preparada, nesse sentido. Aquele que não usa apenas o nariz para farejar, mas também os olhos e ouvidos, sente, em quase todos os lugares em que pisa, algo como uns ares de hospício, ares de hospital — falo, como é justo, dos âmbitos culturais do ser humano, de todo tipo de "Europa" que existe na Terra. Os *doentios* são o grande perigo do ser humano: *não* os maus, *não* os "rapinantes." Os que são de antemão vitimados, empurrados para o chão, estilhaçados — são eles, são os *mais fracos*, que mais minam a vida entre os humanos, que mais perigosamente envenenam e colocam em questão nossa confiança na vida, em nós. Onde poderíamos evitá-lo, esse olhar encoberto, que nos deixa com uma profunda tristeza, esse olhar voltado para trás, do malformado nato, que revela como esse ser humano fala consigo mesmo — esse olhar, que é um suspiro! "Ah, como eu gostaria de ser um outro alguém!", suspira esse olhar: "mas não há esperança. Eu sou quem sou: como poderia livrar-me de mim mesmo? E ainda — *estou farto de mim!*"... Nesse solo do autodesprezo, um verdadeiro solo pantanoso, cresce todo tipo de erva daninha, de erva venenosa, e tudo tão pequeno, tão escondido, tão desonesto, tão adocicado. Ali pululam os vermes dos sentimentos de vingança e do ressentimento; ali o ar fede a coisas secretas e inconfessáveis; ali tecem-se constantemente as teias da mais malévola conjuração — a conjuração dos sofredores contra os bem-sucedidos e vitoriosos, ali o semblante do vitorioso é *odiado*. E quanta mentira, para não assumir esse ódio como ódio! Quanto dispêndio de grandes palavras e atitudes, quanta arte da calúnia "honrada"! Esses fracassados: que nobre eloquência flui dos seus lábios! Quanta resignação açucarada, melosa, humilde flutua em seus olhos! O que querem, afinal? Pelo menos *representar* a justiça, o amor, a sabedoria, a superioridade — essa é a ambição desses "inferiores", desses doentes! E como essa ambição os torna habilidosos! Devemos admirar especialmente a sua habilidade de falsificadores, ao copiarem a marca da virtude, até mesmo o tilintar, o tilintar da moeda de ouro da virtude. Apoderaram-se da virtude totalmente para si, esses fracos e doentios incuráveis, não há dúvida: "só nós somos os bons, os justos", é como eles falam, "só nós somos os *homines bonae voluntatis*".[53] Eles vagueiam entre nós como acusadores encarnados, como advertências a nós — como se a saúde, o sucesso, a força, o orgulho, o sentimento de poder em si já fossem coisas perversas, pelas quais um dia teríamos de pagar, pagar amargamente: oh, como estão dispostos a *infligir* esse castigo, oh, como querem, avidamente, ser *carrascos*! Dentre eles há em abundância vingadores travestidos de juízes, sempre com a palavra "justiça" na boca, como uma saliva venenosa, uma boca entreaberta, sempre disposta a cuspir em tudo e em todos que pareçam satisfeitos, e seguem seu caminho tranquilamente. Dentre eles também não falta aquela espécie asquerosa dos vaidosos, os mentirosos malnascidos, que se empenham em fingir serem "belas almas", e trazem a público sua estropiada sensualidade, como uma "pureza do coração", enrolada em versos e outros cueiros: é a espécie dos onanistas morais, os que se "autossatisfazem". A vontade dos doentes de representarem uma forma qualquer de superioridade, seu instinto para caminhos insidiosos, que conduzem a uma tirania sobre os saudáveis — afinal, onde não poderia ser encontrada essa vontade de poder! Especialmente a mulher doente: ninguém consegue superá-la nos refinamentos para dominar, oprimir, tiranizar. Para isso, a mulher doente não poupa nada do que é vivo, nada do que é morto, ela desenterra as coisas mais enterradas (os bogos[54] dizem: "A mulher

---

[53] Do latim, "homens de boa vontade".

[54] Tribo do norte da Etiópia.

é uma hiena"). Observemos os bastidores de toda família, toda corporação, toda comunidade: em todos os lugares a luta dos doentes contra os saudáveis — uma luta silenciosa, geralmente com pequenos pós venenosos, com espetadas de alfinetes, com falsas expressões faciais de vítima, e ao mesmo tempo com aquele farisaísmo de gestos *ruidosos*, que gosta muito de fingir uma "nobre indignação". Até nos espaços consagrados da ciência ele pretende fazer-se ouvir, esse latido rouco da indignação dos cães doentios, a mentira e a raiva mordazes desses "nobres" fariseus (— aos leitores que têm ouvidos, quero lembrar mais uma vez daquele apóstolo berlinense da vingança, Eugen Dühring,[55] que na Alemanha de hoje utiliza-se da percussão moral, da maneira mais indecente e aversiva: Dühring, o primeiro fanfarrão moral que ainda existe, mesmo entre seus semelhantes, os antissemitas). São todas pessoas do ressentimento, esses desgraçados e carcomidos fisiológicos, todo um estremecido reino terrestre de vingança subterrânea, inesgotável, insaciável em rompantes contra os felizes, e inclusive em mascaramentos da vingança, em pretextos para a vingança: quando chegarão a seu último, mais refinado e sublime triunfo da vingança? Indubitavelmente quando conseguirem empurrar à *consciência dos felizes* toda a sua miséria, toda a miséria em geral: de modo que estes últimos, um dia, começarão a sentir vergonha de sua felicidade e talvez digam entre eles:

---

[55] Veja a nota 26 do segundo ensaio.

"É uma vergonha ser feliz! *Existe miséria demais!*"... Mas não poderia haver um mal-entendido maior e mais fatídico do que se, dessa forma, os felizes, os bem-sucedidos, os poderosos de corpo e alma começassem a duvidar de seus *direitos à felicidade*. Fora com esse "mundo às avessas"! Fora com essa vergonhosa degeneração do sentimento! Impedir que os doentes *adoeçam* os saudáveis — se não os impedíssemos, ocorreria essa degeneração — é algo que deveria ser o objetivo mais elevado na Terra — mas para isso é preciso, antes de todas as outras coisas, que os saudáveis permaneçam afastados dos doentes, protegidos até mesmo da visão dos doentes, para não se confundirem com eles. Ou sua missão deveria ser enfermeiros ou médicos?... Mas assim esses saudáveis estariam renegando e subestimando *a própria* missão deles da pior maneira — o superior *não deve* rebaixar-se a um instrumento do inferior, o *páthos* da distância também deve, por toda a eternidade, manter as missões separadas! Seu direito de existir, como a prerrogativa do sino de badalar alto e bom som diante dos desafinados, rachados, é milhares de vezes maior! Só eles são os *fiadores* do futuro, só eles estão *comprometidos* com o futuro dos seres humanos. O que *eles* podem, o que *eles* devem, os doentes nunca poderão, nunca deverão; mas *para que* eles possam, o que só *eles* devem, como ainda estariam livres para serem o médico, o consolador, o "salvador" dos doentes?... Por isso, bons ares! Bons ares! E em todo caso, longe de todos os hospícios e hospitais da cultura! E, por isso, boa companhia, a *nossa* companhia! Ou a solidão, se tiver de ser! Mas, em todo caso, longe dos vapores nocivos da podridão interior e dos secretos carcomas dos doentes!... Para que nós mesmos, meus amigos, pelo menos por algum tempo ainda possamos defender-nos contra as duas piores epidemias, que justamente ainda possam estar reservadas para nós — contra o *grande asco pelo ser humano*! Contra a *grande compaixão pelo ser humano!...*

15

Quando entendemos em toda a profundidade — e eu exijo que justamente neste caso se *vá até o fundo*, se entenda profundamente — até que ponto simplesmente não pode ser a tarefa dos saudáveis cuidar dos doentes, torná-los saudáveis, e com isso se entenda também que há uma necessidade a mais — a necessidade de médicos e enfermeiros que também sejam *doentes*: e então conseguimos captar e segurar com as duas mãos o sentido do sacerdote ascético. O sacerdote ascético precisa representar para nós o curador, pastor e defensor, todos predestinados, do rebanho doente; só com isso entendemos sua imensa missão histórica. O *domínio sobre os sofredores* é o seu reino, é a ele que seu instinto o conduz, é nele que ele possui sua arte própria, sua maestria, sua espécie de felicidade. Ele mesmo precisa ser doente, precisa ser basicamente aparentado aos doentes e fracassados para entendê-los — para se entender com eles; mas também precisa ser forte, mais senhor de si do que dos outros, incólume especialmente em sua vontade de poder, para que tenha a confiança e o temor dos doentes, para que possa ser, para eles, suporte, resistência, apoio, obrigação, mestre de disciplina, tirano, deus. Ele precisa defendê-los, o seu rebanho — contra quem? Contra os saudáveis, não há dúvida, mas também contra a inveja dos saudáveis; ele precisa ser o antagonista e *desprezador* de toda saúde e poder rudes, sem freios, tempestuosos, duros, violentos e animalescos selvagens. O sacerdote é a primeira forma do animal *mais delicado*, que mais facilmente despreza do que odeia. Ele não pode deixar de travar uma guerra contra os rapinantes, uma guerra que é mais da astúcia (do "espírito") do que da violência, como se entende por si só — para isso, em certas circunstâncias, ele precisará criar, a partir de si mesmo, quase um novo animal selvagem, ou pelo menos *representá-lo* — uma nova agressividade, na qual o urso polar, o tigre insinuante, frio, que fica de tocaia, e no mínimo a raposa pareçam ligados numa unidade, tão atraente quanto amedrontadora. Supondo-se que a necessidade o obrigue, ele surgirá com a seriedade de um urso, respeitável, inteligente, numa ilusória superioridade, como um arauto e porta-voz de poderes mais misteriosos, até mesmo no meio dos outros animais selvagens, decidido a semear nesse solo, onde puder, o sofrimento, a cisão, a contradição e, a todo momento, seguro de sua arte, decidido também a se tornar senhor sobre os *sofredores*. Ele leva consigo os unguentos e os bálsamos, não há dúvida; mas antes precisa ferir, para ser médico; à medida que, então, ele alivia a dor causada pela ferida, ao mesmo tempo *envenena essa ferida* — é disso portanto que ele entende, esse mago e domador de animais selvagens, em cujo círculo tudo que é sadio torna-se necessariamente doente, e tudo que é doente torna-se necessariamente manso. Na prática ele defende muito bem seu rebanho doente, esse pastor tão raro — ele o defende também de si mesmo, da falsidade, baixeza e maldade que também ardem sob o rebanho, e de tudo mais que é próprio de todos os enfermiços e doentes. Ele luta secretamente, com sagacidade e dureza, contra a anarquia e a autodissolução que a todo momento ameaça o interior do rebanho, no qual aquele perigoso material explosivo, o *ressentimento*, acumula-se constantemente. Desmontar esse explosivo de modo a não causar uma explosão no rebanho e nos pastores é a sua arte mais difícil e sua maior utilidade; se quisermos resumir o valor da existência sacerdotal numa fórmula mais compacta, poderíamos dizer: o sacerdote muda *a direção* do ressentimento. É que todo sofredor busca, instintivamente, uma causa para o seu ressentimento; ou, mais precisamente, um autor culpado que seja receptivo ao sofrimento — em suma, qualquer coisa viva, na qual ele poderá descarregar seus afetos concretamente ou *in effigie*, a qualquer pretexto: pois a descarga do afeto é a maior tentativa de alívio, ou *de entorpecimento,* do sofredor, seu involuntariamente desejado narcótico contra a tortura de qualquer tipo. Apenas nisso podemos encontrar, suponho eu, a verdadeira causa fisiológica do ressentimento, da vingança e afins aparentados, portanto, numa necessidade de *entorpecimento da dor por meio do afeto* — geralmente a procuramos, muito erroneamente, ao que me parece, na resposta defensiva, uma simples medida de proteção reativa, um "movimento reflexo" no caso de qualquer ameaça de dano e risco, do tipo executado por um sapo que mesmo sem a cabeça, tenta livrar-se de um ácido corrosivo. Mas a diferença é fundamental: num dos casos queremos impedir mais danos, no outro queremos entorpecer, por meio de uma emoção mais intensa qualquer, uma dor que está se tornando torturante, secreta, insuportável, e naquele momento pelo menos tirá-la da consciência — para isso precisamos de um afeto, um afeto o mais selvagem possível e, para produzi-lo, precisaria do primeiro melhor pretexto que surgir. "Alguém precisa ter culpa por eu me sentir tão mal" — esse tipo de conclusão é próprio de todos os doentios, principalmente enquanto a verdadeira causa desse seu mal-estar, a fisiológica, permanecer-lhes oculta (— ela pode consistir de um adoecimento do *nervus sympathicus*, de uma secreção excessiva da bile ou de uma baixa taxa de potássio sulfatado e fosfórico no sangue, ou de uma pressão no baixo ventre que impeça a circulação do sangue, ou ainda de uma degeneração dos ovários e coisas semelhantes). Os sofredores têm, todos eles, uma terrível disponibilidade e inventividade quando se trata de encontrar pretextos para seus afetos doloridos; eles tiram proveito de sua desconfiança, insistem em pequenos males e aparentes danos, reviram as vísceras do seu passado e do seu presente atrás de histórias escuras, dúbias, onde estão livres para se regalarem numa suspeita torturante e se entorpecerem no próprio veneno da maldade — abrem as mais antigas feridas, sangram cicatrizes há muito curadas, transformam em vilões o amigo, a mulher, o filho e quem mais estiver perto deles. "Eu sofro; alguém deve ser culpado por isso" — é assim que pensa todo cordeiro doentio. Mas seu pastor, o sacerdote ascético, diz a ele: "Está certo, sim, meu cordeiro! Alguém deve ser culpado por isso: mas esse alguém é você mesmo, só você é culpado por isso — *você é o único culpado por você mesmo!*"... Isso é bastante audacioso, bastante falso: mas pelo menos uma coisa se consegue com isso, por assim dizer, consegue-se *mudar* a direção do ressentimento.

16

Então já adivinhamos o que, imagino, pelo menos o instinto de cura da vida *tentou* fazer por intermédio do sacerdote ascético, e por que ele teve de se servir da tirania temporária desses conceitos paradoxais e paralógicos, como "culpa", "pecado", "pecaminosidade", "corrupção", "maldição": para tornar os doentes *inofensivos*, até um certo grau, deixar os incuráveis destruírem a si mesmos, mostrar com rigor aos doentes menos graves a direção a si mesmos, uma direção para trás, do seu ressentimento ("só uma coisa é necessária" —) e dessa forma *aproveitar* os maus instintos de todos os sofredores para a autodisciplina, a autovigilância, a autossuperação. Como já se entende por si só, com uma "medicação" desse tipo, uma simples medicação do afeto, simplesmente não se pode falar de uma verdadeira *cura* do doente no sentido fisiológico; nem se deveria afirmar que o instinto da vida, no caso, de algum modo tivesse pretendido realizar a cura. Uma espécie de reunião e organização dos doentes, por um lado (— a palavra "igreja" é o nome mais popular para isso), uma espécie de salvaguarda temporária dos que se tornaram mais saudáveis, mais bem constituídos do que os outros, a abertura de uma fenda profunda entre saúde e doença — isso foi tudo, por muito tempo! E era muito! Era muito, mesmo!... [Como se vê, neste ensaio eu parto de um pressuposto que, em relação àqueles leitores que são como os que eu preciso, não tenho de justificar primeiro: que a "pecaminosidade" no ser humano não é um fato, porém muito mais a interpretação de um conjunto de fatos, ou seja, uma indisposição fisiológica — esta última vista sob uma perspectiva moral-religiosa, que para nós não tem mais nada de obrigatório. — Pelo fato de alguém *se sentir* "culpado", "pecador", simplesmente ainda não está provado que ele é isso mesmo; assim como alguém é saudável apenas porque se sente saudável. Lembrem-se dos famosos processos de bruxaria: nesses casos, antigamente os juízes mais perspicazes e simpáticos aos seres humanos *não duvidavam* da existência de uma culpa; as próprias bruxas não duvidavam disso — mesmo assim, a culpa estava ausente. — Para expressar esse pressuposto de uma forma ampliada: a própria "dor anímica" não vale, para mim, como um fato, mas apenas como uma interpretação (interpretação causal) de fatos até agora não exatamente formuláveis; e, portanto, como algo que ainda flutua totalmente no ar, sem um compromisso científico — apenas uma palavra gorda no lugar de um esquelético ponto de interrogação. Quando alguém não consegue lidar com uma "dor anímica", isso não se deve, falando *grosso modo,* à sua "alma", mas provavelmente à sua barriga (*grosso modo,* como se diz: mas, de modo algum, com isso é expresso o desejo de ser ouvido e entendido *grosso modo*...). Uma pessoa forte e bem-sucedida digere suas vivências (ações, más ações incluídas) como digere suas refeições, mesmo quando precisa engolir bocados muito duros. Quando ela não consegue "lidar" com uma vivência, esse tipo de indigestão é tão fisiológico quanto qualquer outro — e muitas vezes, na prática, apenas uma das consequências desses outros. — Aqui entre nós, com uma concepção assim ainda podemos ser o mais rigoroso adversário de todo materialismo...]

17

Será que na verdade ele é um *médico,* esse sacerdote ascético? — Já decidimos chamá-lo de médico, mesmo que quase não seja permitido fazê-lo, por mais que ele goste de se sentir um "salvador" e se deixe venerar como um "salvador". Só o próprio sofrimento, o desgosto do sofredor, é combatido por ele, e *não* a sua causa, *não* o ser doente em si — isso deve fornecer-nos o principal argumento contra a medicação sacerdotal. Porém, se nos colocarmos uma vez sob aquela perspectiva que apenas o sacerdote tem e conhece, não cessaremos facilmente de admirar tudo o que nela é visto, procurado e encontrado. A *mitigação* do sofrimento, o "consolo" de todo tipo — isso se revela como seu próprio gênio: de que forma criativa ele concebeu sua tarefa de consolador, de que forma despreocupada e ousada escolheu os meios para ela! Deveríamos chamar, principalmente o cristianismo, de uma grande câmara de tesouros dos mais engenhosos meios de consolo, por tanto refrigério, tanta coisa mitigadora, narcótica acumulada nela, tantos perigos e proezas arriscados para este fim, e, principalmente, com que refinamento, um refinamento tão sulino, ele adivinhou quais seriam os afetos estimulantes que poderiam vencer, pelo menos por algum tempo, a depressão profunda, o cansaço pesado, a tristeza negra[56] dos inibidos fisiologicamente. Pois, falando no geral: em todas as grandes religiões tratava-se principalmente do combate a certos cansaço e melancolia, que se

[56] A tristeza negra citada por Nietzsche é a "melancolia", palavra originária da junção dos termos gregos *mélas* (μέλας), que significa "negro", e *cholé* (χολή), cuja tradução é "bílis". A tradução literal seria "bílis negra", a definição que os gregos antigos davam ao estado psíquico da tristeza profunda.

tornaram uma epidemia. Podemos de antemão acrescentar como provável que, de tempos em tempos, em determinados lugares da Terra, quase necessariamente uma certa *sensação de inibição fisiológica* deve tornar-se predominante sobre amplas massas, mas que, por falta de um conhecimento fisiológico, não penetrará nas consciências como tal, de modo que sua "causa", seu remédio, também só poderá ser buscado e experimentado psicológica e moralmente (— na verdade, essa é minha fórmula mais geral para aquilo que, comumente, é chamado de uma "*religião*"). Uma sensação de inibição como essa pode ter diversas origens: como consequência do cruzamento de raças muito diferentes (ou classes — as classes sempre exprimem também diferenças de origem e de raça: a "dor do mundo"[57] europeia, o "pessimismo" do século XIX, é essencialmente a consequência de uma súbita mistura insensata de classes); ou condicionada por uma emigração equivocada — uma raça que foi parar num clima para o qual sua capacidade de adaptação não foi suficiente (como no caso dos indianos na Índia); ou a consequência da idade e do cansaço da raça (como no caso do pessimismo parisiense de 1850) ou de uma dieta errada (como no caso do alcoolismo na Idade Média, ou do vegetarianismo tão insensato, que naturalmente

---

[57] Do alemão *Weltschmerz*, "dor do mundo" é um conceito cunhado pelo escritor Jean Paul, e representa um sentimento de tristeza e uma certa melancolia dolorosa ou seja, que a pessoa sente diante da própria insuficiência, e se estende a uma insuficiência do mundo, das suas respectivas condições de existência.

têm a seu favor a autoridade do *Junker* Cristóvão,[58] de Shakespeare); ou então por causa da degeneração do sangue, a malária, a sífilis, e coisas afins (como na depressão alemã depois da Guerra dos Trinta Anos, na qual metade da Alemanha foi contagiada por doenças nocivas, e com isso preparou o solo para a servidão alemã, o desânimo alemão). Num caso como esse, todas as vezes tenta-se travar uma luta, em grande estilo, *contra a sensação de desprazer*; vamos informar-nos brevemente sobre suas práticas e formas mais importantes. (Deixo aqui de lado, como justo, a luta dos *filósofos* contra a sensação de desprazer, que sempre costuma ocorrer ao mesmo tempo — ela é bastante interessante, mas absurda e indiferente demais à prática, enredada e estática demais, quando se quer demonstrar que a dor é um erro, sob o ingênuo pressuposto de que ela deve sumir quando o erro é reconhecido — mas vejam! Ela não quis sumir...) Esse desprazer dominante é primeiro combatido com meios que reduzem a sensação vital geral ao ponto mais baixo. De preferência mais nenhum querer, mais nenhum desejo; evitar tudo o que produz afeto, o que produz "sangue" (não comer sal: a higiene do faquir); não amar; não odiar; impassibilidade; não se vingar; não

---

[58] A palavra *Junker* em alemão significa "jovem senhor", e originalmente designava um membro da nobreza ou um jovem cavaleiro aristocrata, e mais tarde generalizou-se a todos os filhos dos nobres que não tinham outros títulos. O jovem Cristóvão mencionado por Nietzsche é um personagem de uma comédia de Shakespeare, *Noite de Reis* (*Twelfth Night*).

enriquecer; não trabalhar; mendigar; possivelmente nenhuma mulher, ou tão poucas mulheres quanto possível; no aspecto espiritual o princípio de Pascal[59] "*Il faut s'abêtir*".[60] O resultado, expresso psicológica e moralmente, é a "anulação do eu", "a santificação"; expresso fisiologicamente: o hipnotismo — a tentativa de alcançar, para o ser humano, algo semelhante à *hibernação* de algumas espécies animais, a *dormência de verão* para algumas plantas dos climas quentes, um mínimo consumo de alimentos e outras substâncias, e uma redução do metabolismo, deixando só o necessário para a manutenção da vida, sem que isso penetre na consciência. Com essa finalidade foi gasta uma surpreendente quantidade de energia humana — talvez inutilmente?... Não podemos duvidar que esses *esportistas* da "santidade", muito abundantes em todos os tempos, em quase todos os povos, na prática encontraram uma real redenção daquilo que combateram com um treinamento tão rigoroso — em inúmeros casos eles se livraram de fato daquela profunda depressão fisiológica, com a ajuda de seus sistemas hipnotizadores; por isso sua metodologia faz parte dos fatos etnológicos mais comuns. Do mesmo modo, não se permite incluir entre os sintomas de loucura um propósito como esse, de definhamento do corpo físico pela fome, e dos desejos, como gostam de fazer uma

---

[59] Blaise Pascal (1623–1662), filósofo francês, místico e matemático.

[60] Do francês, "devemos nos embrutecer".

desajeitada espécie de "espíritos livres" comedores de rosbife e os jovens Cristóvãos. O mais certo é que isso abre e pode abrir o caminho a todo tipo de perturbações mentais, a "luzes interiores", por exemplo, como no caso dos *hesicastas*[61] do monte *Athos*, a alucinações de sons e de figuras, a voluptuosos transbordamentos e êxtases da sensualidade (como na história de Santa Teresa[62]). A interpretação dada pelos que são tomados por esses tipos de estado sempre foi a mais fanaticamente falsa possível, o que se entende por si só: mas não devemos deixar de ouvir o tom da mais convincente gratidão, que já ressoa na *vontade* a esse tipo de interpretação. O estado mais elevado, a própria *redenção*, aquele estado geral hipnótico e silencioso finalmente alcançado, vale para eles sempre como o mistério em si, para cuja expressão até os símbolos mais elevados não são suficientes, para a penetração e o regresso à base das coisas, como libertação de toda ilusão, como "conhecimento", como "verdade", como "ser", como libertação de todo objetivo, todo desejo, todo fazer, como um além do bem e do mal. "Bem e mal", diz o budista — "ambos são grilhões: sobre ambos o 'perfeito' tornou-se senhor"; "o feito e o não feito", diz o crente do Vedanta, "não lhe causam dor; como

---

[61] O hesicasmo, do grego *hesychia* (ἡσυχία), cuja tradução é "silêncio", "quietude", é uma tradição mística de oração da Igreja Ortodoxa do Oriente, que segue o rito bizantino. É um processo de rito interior que visa à cessação dos sentidos, com o objetivo de obter um conhecimento experimental de Deus.

[62] Tereza Sánchez de Cepeda y Ahumada (1515–1582) foi uma freira carmelita, mística e santa católica.

um sábio ele sacode o bem e o mal de si; seu reino não sofre mais com nenhum ato; ele passou por cima e para além do bem e do mal": — portanto uma concepção geral indiana, tanto brâmane quanto budista. (Tanto no pensamento hindu quanto no cristão, essa "redenção" não é considerada *alcançável* por meio da virtude, por meio do aperfeiçoamento moral, por mais que considerem elevado o valor hipnotizante da virtude: devemos estar certos disso — corresponde simplesmente ao conjunto dos fatos. Terem-se mantido *verdadeiras* nisso talvez possa ser visto como as melhores partes de realismo das três maiores religiões, sempre tão sistematicamente moralizantes. "Para o conhecedor não existe dever"... "A redenção não se dá por meio do *acréscimo* de virtudes: pois ela consiste em ser uno com o Brama, que não admite um acréscimo de perfeição; e ela consiste menos ainda no *afastamento* dos erros: a redenção consiste apenas em "ser uno" com Brama, pois ela é eternamente pura" — esses trechos do comentário de Shankara,[63] citados pelo primeiro verdadeiro *conhecedor* da filosofia hindu na Europa, meu amigo Paul Deussen.[64]) Portanto, vamos honrar a "redenção" nas grandes religiões; por outro lado

[63] Çankara ou Shankara é um teólogo Vedanta do século VIII ou IX.

[64] Paul Deussen (1834–1919) foi um escritor alemão, estudioso de Schopenhauer e da filosofia hindu. Ele tentou estabelecer uma ligação entre ambos. Nietzsche foi seu colega de escola, e sempre consultava suas obras quando precisava de fontes sobre a mitologia hindu.

torna-se um pouco difícil para nós permanecermos sérios diante da avaliação feita por aqueles cansados da vida, que no *sono profundo* ficaram cansados demais até mesmo para sonhar — ou seja, o sono profundo como penetração no Brama, como a *alcançada unio mystica*[65] com Deus. "Quando então ele adormece totalmente" — diz sobre isso a mais antiga e respeitável "escritura" — "e descansa inteiramente, até não ver mais nenhuma imagem de sonho, então, ele, oh, caro, estará unido a tudo que é vivo, penetrará em si mesmo — envolvido pelo eu semelhante ao conhecimento, ele não terá mais consciência do que é fora ou dentro. Não são o dia e a noite, não é a idade, não é a morte, não é o sofrimento, não é a obra boa, nem a obra má que atravessam essa ponte. "No sono profundo", dizem todos os crentes dessa mais profunda das três grandes religiões, "a alma se levanta desse corpo, penetra na luz mais elevada e ressurge numa configuração própria: então ela se torna o próprio espírito que perambula pelo espaço, brincando, galanteando e divertindo-se, seja com mulheres, com carros ou amigos, e nem se lembra desse penduricalho que é seu corpo, no qual o *prana* (o sopro da vida) está atrelado, como um animal de tração à carreta". Mesmo assim, devemos aqui também, como no caso da "redenção", ter presente que, basicamente, apesar de envolta na pompa do exagero oriental, está expressa a mesma avaliação do

---

[65] Do latim, "união mística".

lúcido, frio, tão frio como um grego, mas sofredor Epicuro: o hipnótico sentimento do nada, a tranquilidade do sono mais profundo, em suma, a *ausência de sofrimento* — isso já deve valer como um bem maior, como o valor dos valores para os sofredores e basicamente mal-humorados, e que *precisa* ser avaliado por eles como algo positivo, como *o* positivo em si. (Pela mesma lógica do sentimento, em todas as religiões pessimistas, o "nada" se chama *Deus*.)

18

Com mais frequência do que esse amortecimento geral hipnótico da sensibilidade, da capacidade de dor, que pressupõe forças mais raras, sobretudo coragem, desdém pela opinião própria, "estoicismo[66] intelectual", tenta-se realizar outro tipo de treinamento contra os estados de depressão, e que, de todo modo, é mais fácil: a *atividade maquinal*. Não há dúvida de que com ela é aliviada, num grau nada desprezível, uma existência sofredora: hoje chamamos esse fato, de forma pouco honesta, de "a bênção do trabalho".

---

[66] O estoicismo (ou *Stoa*) foi uma escola de filosofia da Grécia antiga, fundada por Zenão de Cício (335–264 a.C.) e que exerceu profunda influência na ética cristã; pregava a repressão das paixões, a resignação diante do destino, e a calma frente às adversidades. Sêneca e Epíteto foram dois de seus representantes mais importantes.

O alívio consiste no desvio sistemático do interesse do sofredor — em que constantemente uma ação, e novamente apenas uma ação penetra na consciência, e consequentemente resta pouco espaço nela para o sofrimento: pois ele é bem *estreito*, esse quartinho da consciência humana! A atividade maquinal e tudo que faz parte dela — como a absoluta regularidade, a obediência imediata e automática, a fixação "de uma vez para sempre" da forma de vida, o preenchimento do tempo, uma certa permissão, até mesmo uma disciplina à "impessoalidade", ao esquecimento de si mesmo, à "*incuria sui*"[67] —: como o sacerdote ascético soube utilizá-la de forma refinada e sistemática na luta contra a dor! Justamente quando tinha de lidar com sofredores das classes inferiores, com escravos trabalhadores ou condenados presos (ou com mulheres, que geralmente são as duas coisas ao mesmo tempo, escravas trabalhadoras e condenadas), ele precisava de pouco mais do que um pequeno artifício de troca de nomes e um novo batismo, para fazê-los ver uma boa ação, uma felicidade relativa, em coisas odiadas — em todo caso, a insatisfação do escravo com seu destino *não* foi inventada pelos sacerdotes. — Um meio ainda mais estimado na luta contra a depressão é a determinação de uma *pequena alegria*, que seja de fácil acesso e que possa ser transformada numa regra; essa medicação é frequentemente usada em relação àquilo que discutimos antes. A forma mais

[67] Do latim, "indiferença em relação a si mesmo".

frequente de receita desse tipo de alegria como uma terapia é a alegria de *proporcionar* alegria a alguém (como fazer o bem, presentear, aliviar, ajudar, convencer, consolar, elogiar, agraciar); com isso o sacerdote ascético indica que está prescrevendo o "amor ao próximo", basicamente um estímulo ao instinto mais forte, mais afirmador da vida, mesmo que na mais cuidadosa dosagem — o instinto da *vontade ao poder*. A felicidade da "pequena superioridade", como aquela proporcionada por toda boa ação, serviço, ajuda, agraciamento, é o mais abundante meio de consolo que os inibidos fisiologicamente costumam usar, pressupondo-se que sejam bem aconselhados: caso contrário, eles se ferem mutuamente, naturalmente obedecendo ao mesmo instinto básico. Se buscarmos no mundo romano, nos primórdios do cristianismo, encontraremos associações de apoio mútuo, associações de pobres, de doentes, de sepultamento, nascidos da camada mais baixa da sociedade de então, onde aquele principal meio contra a depressão, ou seja, a pequena alegria, aquela da benevolência mútua, foi usado conscientemente — será que naquela época isso teria sido algo novo, uma verdadeira descoberta? Numa "vontade de reciprocidade" evocada desse modo, para a formação de um rebanho, para a "comunidade", para o "cenáculo",[68] a vontade de poder assim estimulada,

[68] Sala em que se faziam refeições coletivas, principalmente a ceia. Também significa "convivência", reunião de pessoas que processam as mesmas ideias ou visam a uma mesma finalidade.

mesmo pequena, precisa chegar a uma nova e mais completa erupção: a formação do rebanho, que na luta contra a depressão é um passo e uma vitória essenciais. No crescimento da comunidade fortalece-se, inclusive para o indivíduo, um novo interesse, que muitas vezes o afasta do elemento mais pessoal de seu desânimo, da sua rejeição de si mesmo (a *despectio sui*[69] de Geulincx.[70]) A partir de uma necessidade de sacudir o apático mal-estar e a sensação de fraqueza, todos os doentes, todos os enfermiços lutam instintivamente por uma organização em rebanho: o sacerdote ascético pressente esse instinto e o estimula; onde existem rebanhos, foi o instinto de fraqueza que os quis, e a sagacidade do sacerdote que o organizou. Pois não devemos deixar de notar que os fortes lutam movidos pela necessidade natural de se separarem tanto quanto os fracos lutam para se juntarem; quando os primeiros se juntam, isso ocorre apenas com a perspectiva de uma ação agressiva conjunta e uma satisfação conjunta de sua vontade de poder, com muita resistência das consciências individuais; por outro lado, os fracos sempre se juntam, e sentem *prazer* justamente nessa organização em um grupo — seu instinto é igualmente satisfeito,

---

[69] Do original em latim: "autodesprezo".

[70] Arnold Geulincx (1624–1669) foi um filósofo flamengo. Seguidor de René Descartes, tentou elaborar versões mais detalhadas da filosofia cartesiana. Estudou a filosofia do espírito e fundou o ocasionalismo, em que defendeu a tese da separação entre corpo e espírito, que, segundo ele, só interagem ocasionalmente, com a intermediação de Deus; este sincroniza ambos os campos de forma a criar a impressão de uma ligação casual.

assim como o instinto dos "senhores" natos (quer dizer, dos solitários rapinantes da espécie homem), que basicamente ficam irritados e intranquilos com a organização. Sob toda oligarquia sempre se esconde — a história inteira nos ensina isso — o apetite tirânico; toda oligarquia estremece constantemente por causa da tensão que cada indivíduo precisa manter para permanecer no domínio desse apetite. (Assim foi, por exemplo, com os *gregos*: Platão atesta-o em centenas de lugares, Platão, que conhecia seus semelhantes — *e* a si mesmo...)

19

Os meios que conhecemos até agora, utilizados pelo sacerdote ascético — o amortecimento geral da sensação vital, a atividade maquinal, a pequena alegria, sobretudo a do "amor ao semelhante", a organização em rebanhos, o despertar da sensação de poder comunitário, que tem como consequência o entorpecimento do desgosto do indivíduo consigo mesmo, por meio do prazer com a prosperidade da comunidade — esses são, medidos por uma escala moderna, seus meios *inocentes* na luta contra o desprazer: mas, agora, vamos voltar-nos para os mais interessantes, os "culpados". Neles, trata-se de uma única coisa: um *excesso nos sentimentos* — usado como o meio mais eficaz de entorpecimento contra a pesada, longa e paralisante dor; por isso, ao pensar nessa questão, a inventividade sacerdotal foi basicamente inesgotável: "Como se chega a um excesso dos sentimentos?"... Isso nos soa como algo difícil: é evidente que soaria de forma mais agradável e talvez chegasse melhor aos ouvidos, se eu dissesse: "O sacerdote ascético valeu-se o tempo todo da *satisfação* existente em todos os fortes afetos". Mas para que afagar os ouvidos frouxos de nossos modernos mimados? Para que, de nossa parte, ceder um único passo à hipocrisia das palavras? Para nós, psicólogos, já deve existir nisso uma hipocrisia *da ação*, apesar de ela nos causar nojo. É que o *bom gosto* de um psicólogo (— outros diriam: sua integridade) hoje consiste no fato de ele rejeitar a vergonhosa forma *moralizante* de falar, atrelada justamente a todo o juízo moderno sobre homem e coisa. Pois não devemos iludir-nos sobre isso: o que consiste na marca em si das almas modernas, dos livros modernos, não é a mentira, mas a arraigada *inocência* na mentira moralista. Ter de revelar essa "inocência" novamente em todos os lugares — é nisso que consiste talvez a parte mais repugnante do nosso trabalho, de todo o trabalho nada conveniente que um psicólogo deve realizar hoje; é uma parte do *nosso* grande perigo — é um caminho que talvez nos conduza, justamente a *nós*, ao grande nojo... Não duvido nada, *para o que* serviriam os livros modernos (pressupondo-se que tenham durabilidade, o que naturalmente não se deve temer, e também pressupondo-se que haverá um dia uma posteridade com um gosto mais rigoroso, mais duro, mais *saudável*) — e para o que *toda* a nossa modernidade em geral serviria, ou poderia servir, nessa posteridade? Como vomitórios — e isso por causa de sua moralidade adocicada e falsa, seu mais íntimo feminismo, que gosta de ser chamado de "idealismo", e que, em todo caso, acredita mesmo que é idealismo. Nossos eruditos de hoje, nossos "bons", não mentem — isso é verdade; mas isso *não* os honra! A verdadeira mentira, a autêntica, resoluta mentira "sincera" (sobre cujo valor devemos ouvir Platão) seria para eles de longe algo rigoroso demais, forte demais; isso exigiria o que não podemos exigir deles, isto é, que abrissem os olhos em direção a si mesmos, que soubessem diferenciar em si mesmos o que é "verdadeiro" e "falso". Só lhes convém a *mentira desonesta*; todo aquele que hoje se sente como uma "boa pessoa" é totalmente incapaz de se colocar diante de uma coisa qualquer a não ser de forma desonesta e mentirosa, profundamente mentirosa, mas inocentemente mentirosa, ingenuamente mentirosa, puramente mentirosa, virtuosamente mentirosa. Então essas "boas pessoas" estarão todas profundamente moralizadas, e em relação à sinceridade, frustradas e estragadas por toda a eternidade: qual delas ainda suportaria *uma verdade* sobre o "ser humano"!... Ou, perguntando-se mais concretamente: qual delas suportaria uma biografia autêntica!... Algumas referências: Lorde Byron[71] anotou algumas

[71] George Gordon Byron (1788–1824) foi um poeta britânico e um dos principais representantes do romantismo. Suas obras mais conhecidas são *Dom Juan* e *A peregrinação do infante Harold*.

coisas sobre si mesmo, mas Thomas Moore[72] era "bom demais" para aceitá-las: ele queimou os papéis do amigo. O mesmo deve ter feito Dr. Gwinner,[73] o executor do testamento de Schopenhauer: pois inclusive Schopenhauer anotou algumas coisas sobre si mesmo e talvez até contra si ("εἰςἑαυτόν"). O empenhado americano Thayer,[74] biógrafo de Beethoven, parou de uma vez com seu trabalho: quando chegou a um ponto qualquer dessa vida honrada e ingênua, ele não a suportou mais... Moral: que homem sensato ainda escreveria hoje uma palavra sincera sobre si mesmo? — se o fizesse, deveria então pertencer à Ordem da Santa Audácia. Prometem-nos uma autobiografia de Richard Wagner: quem duvida que será uma autobiografia *sensata*?... Lembremo-nos do cômico horror que o sacerdote católico Janssen[75] provocou na Alemanha com seu quadro simplório e inofensivo, além de qualquer noção, do movimento alemão da Reforma; o que se poderia começar a fazer se alguém nos narrasse esse movimento de uma *outra* maneira, se alguma vez um verdadeiro psicólogo nos falasse do Lutero real, não mais com a simplicidade moral de um padre provinciano,

---

[72] Thomas Moore (1779–1852) foi um poeta irlandês, biógrafo de Byron.

[73] Wilhelm Heinrich von Gwinner (1801–1866) foi um cientista florestal e político alemão, membro da câmara dos deputados. Fez alguns estudos sobre a biografia de Schopenhauer.

[74] Alexander Wheelock Thayer (1817–1897), historiador americano, biógrafo de Beethoven.

[75] Johannes Janssen (1829–1891), historiador alemão, escreveu a *História do povo alemão desde a Idade Média*, em 1877.

não mais com o adocicado e respeitoso pudor dos historiadores protestantes, mas talvez com uma intrepidez à maneira de Taine,[76] a partir de uma *força da alma*, e não de uma sensata indulgência para com a força?... (Os alemães, diga-se de passagem, finalmente produziram belamente este último tipo clássico — já podem até reinvidicá-lo a si mesmos e usufruir dele; é para Leopold Ranke,[77] esse clássico *advocatus* nato, de toda *causa fortior*,[78] esse mais sensato de todos os sensatos "homens afirmativos".)

20

Mas vocês já devem ter-me entendido — em suma, será que já não haveria motivo suficiente para que hoje nós psicólogos não consigamos livrar-nos de uma certa desconfiança *de nós mesmos*? ... Provavelmente também ainda somos "bons demais" para nosso ofício, provavelmente também ainda somos as vítimas, as presas, os doentes desse gosto contemporâneo moralizante, por mais que também sintamos desprezo por ele? — provavelmente ele também esteja

[76] Hippolyte Taine (1828–1893), historiador e filósofo francês.

[77] Leopold Ranke (1795–1886), historiador alemão, professor universitário e conselheiro real na Prússia. Foi um dos fundadores da moderna historiografia científica.

[78] Do latim, "advogado de toda matéria mais forte".

contagiando-nos. Do que nos advertia aquele diplomata,[79] quando falava a seus iguais? "Desconfiemos de todos os nossos primeiros impulsos, meus senhores", dizia ele, "eles são quase sempre bons"... Assim também todo psicólogo de hoje deveria falar aos seus iguais... E com isso voltamos ao nosso problema, que na prática requer de nós algum rigor, alguma desconfiança, especialmente em relação aos "primeiros impulsos". O *ideal ascético a serviço da digressão de um sentimento*: — quem se lembrar do ensaio anterior antecipará o conteúdo do que será apresentado aqui, em sua essência, resumido nessas nove palavras. Libertar a alma humana de todas as suas ranhuras, mergulhá-la em horrores, congelamentos, ardências e sortilégios de tal modo que ela se liberte de tudo que é pequeno e miserável no desprazer, no embotamento, no aborrecimento, como por meio de um passe de mágica: quais os caminhos que levam a *esse objetivo*? E qual deles é o mais seguro?... Basicamente todos os grandes afetos têm uma capacidade para isso, pressupondo-se que se descarreguem de repente: raiva, medo, volúpia, vingança, esperança, triunfo, desespero, crueldade; e sem hesitar, o sacerdote ascético de fato tomou a seu serviço *toda* a matilha de cães selvagens que existe no ser humano, e soltou ora um, ora outro,

---

[79] Aquele diplomata é Charles-Maurice de Talleyrand-Périgord (1754–1838) que foi bispo, político e diplomata francês, agente geral do clero junto ao governo. Em 1791 foi excomungado pelo papa e abandonou a Igreja.

sempre com a mesma finalidade, a de despertar o ser humano da lenta tristeza, de afugentar pelo menos por algum tempo a sua embotada dor, sua vacilante miséria, e sempre com uma interpretação e uma "justificativa" religiosa. Toda essa espécie de digressão do sentimento *deve ser paga* depois, o que se entende por si só — ela deixa o doente mais doente ainda —: e por isso essa espécie de remédio da dor, medida por uma escala moderna, é uma espécie "culpada". No entanto, para se fazer justiça, precisamos insistir em dizer que ela foi utilizada com uma *boa intenção*, que o sacerdote ascético prescreveu-a com a mais profunda crença na sua utilidade, em sua absoluta necessidade — e muitas vezes até curvando-se diante da desolação, quase despedaçadora, que causava; ao mesmo tempo, as veementes reações fisiológicas desses excessos, talvez até perturbações espirituais, basicamente não contrariam verdadeiramente todo o sentido dessa espécie de medicamento, pois, como foi mostrado antes, ele não atua na cura das doenças, mas no seu alívio, no seu entorpecimento, no combate ao incômodo da depressão. Essa meta foi alcançada. A principal ação que o sacerdote ascético se permitiu realizar, para fazer ressoar, na alma humana, todo tipo de música dilacerante e arrebatadora, foi realizada desse modo — todo mundo sabe disso —, ele utilizou o *sentimento de culpa* a seu favor. A origem deste último foi mencionada brevemente no texto anterior — como uma parte da psicologia animal, nada mais: ali, o sentimento de culpa veio ao nosso encontro em sua condição mais rudimentar. Só depois, nas mãos do sacerdote — esse verdadeiro artista em sentimentos de culpa — ele obteve uma configuração, oh, e que configuração! O "pecado" — assim é que foi reinterpretada a "consciência pesada" animal (a crueldade virada ao contrário) — foi, até agora, o maior evento na história da alma doente; o artifício mais perigoso e funesto da interpretação religiosa. O ser humano, que de algum modo sofre de si mesmo, em todo caso fisiologicamente como um animal trancado na jaula, não sabe por quê, para quê, está sempre desejoso de motivos — os motivos aliviam —, desejoso também de medicamentos e entorpecentes, finalmente aconselha-se com alguém que também conhece o oculto — e veja só! Ele consegue obter um sinal, ele obtém de seu mago, o sacerdote ascético, o primeiro indício sobre a "causa" de seu sofrimento: ele deve procurá-lo em si mesmo, numa culpa, num pedaço de passado, ele mesmo precisa entender seu sofrimento como uma punição... Ele ouviu, ele entendeu, o infeliz: agora ele se sente como a galinha, que ficou dentro de um círculo traçado à sua volta. Ele não consegue mais sair desse círculo: transformaram o doente num "pecador"... e então não conseguimos mais livrar-nos da visão desse novo doente, o "pecador", por alguns milênios — será que conseguiremos livrar-nos dele algum dia? Para onde olhamos, por todos os lados encontramos o olhar hipnótico do pecador, que sempre se move naquela única direção (na direção da "culpa", como a única causalidade do sofrimento); por todo lado a consciência pesada, esse "animal terrível", (falando como Lutero), por todo lado o passado regurgitando, a ação alterada, o "olhar amargo" para toda ação; por todo lado o mal-entendido voluntário do sofrimento, transformado em conteúdo da vida, a sua reinterpretação em sentimentos de culpa, medo e punição; por toda parte os flagelos, o cilício,[80] o ventre faminto, o arrependimento; por toda parte a autotortura do pecador no cruel maquinismo da roda de despedaçamento de uma consciência inquieta, doentia e viciosa; por toda parte a tortura silenciosa, o extremo medo, a agonia do coração martirizado, as contrações de uma felicidade desconhecida, o grito pela "redenção". Na prática, com esse sistema de procedimentos, a antiga depressão, o peso e o cansaço foram sendo sistematicamente superados, a vida tornou-se novamente muito interessante: desperta, eternamente desperta, tresnoitada, brilhante, consumida, esgotada e mesmo assim não cansada — assim ficou o ser humano, "o pecador", iniciado *nesses* mistérios. Esse grande e antigo mago no combate ao desprazer, o sacerdote ascético — visivelmente havia vencido, *seu* reino havia chegado: ninguém se queixava mais *da* dor, todos estavam *sequiosos* pela dor; "*mais* dor! *mais* dor!", gritavam seus discípulos e iniciados ao longo dos séculos. Todo excesso de sentimento que produzia dor, tudo que rompia, derrubava, esmagava, deslumbrava, extasiava,

---

[80] Cilício é um tecido rústico feito de pelos de animais, como cabras, camelos, porcos e etc. Com esse tecido faziam-se roupas usadas para a penitência e a autoflagelação.

o segredo das câmaras de tortura, a própria invenção do inferno — tudo passou a ser descoberto, adivinhado, aproveitado, tudo estava a serviço do mago, tudo passou a servir à vitória do seu ideal, do ideal ascético... "Meu reino não é deste mundo"[81] — dizia ele, antes e depois: será que ele ainda tinha o direito de dizê-lo?... Goethe afirmou que havia apenas trinta e seis situações trágicas: a partir disso deduzimos, caso ainda não o soubéssemos, que Goethe não era um sacerdote ascético. Ele — conhece mais...

21

Em relação a *todo* esse tipo de medicação sacerdotal, a do tipo "culpado", qualquer palavra de crítica já seria supérflua. Quem teria vontade de afirmar que um excesso de sentimento, como o que, nesse caso, o sacerdote ascético costuma receitar aos seus doentes (sob o nome mais sagrado, é claro, e ao mesmo tempo permeado da santidade de sua finalidade) realmente seja *útil* a qualquer doente? No mínimo deveríamos entender-nos a respeito da palavra "utilidade". Se quisermos com isso expressar que esse sistema de tratamento *melhorou* o ser humano, não retrucarei: apenas acrescentarei o que quer dizer para mim "melhorar" — a mesma coisa que "domado", "enfraquecido", "desanimado", "refinado", "mais delicado",

---

[81] João 18:36.

"castrado" (portanto, quase tanto como *prejudicado*...) mas quando se trata principalmente de doentes, entediados, deprimidos, um sistema como esse torna o doente, sob certas circunstâncias, *mais doente* ainda, pressupondo-se que o tornou "melhor"; basta perguntarmos aos psiquiatras o que uma aplicação metódica de torturas, contrições e convulsões provoca nele. Do mesmo modo, vamos consultar a história: em todos os lugares em que o sacerdote ascético implantou esse tratamento aos doentes, a enfermidade sempre se disseminou rapidamente e se aprofundou. Qual foi sempre o "resultado"? Um sistema nervoso transtornado, acrescido ao que já estava doente; e isso, tanto numa dimensão mais ampla quanto numa mais reduzida, no individuo ou nas massas. Como consequência do *treinamento* à penitência e à redenção, encontramos imensas epidemias de epilepsia, as maiores que a história menciona, como a dos dançarinos de São Vito[82] e São João[83] da Idade Média. Como outra forma de sequela encontramos terríveis paralisias e depressões duradouras, com as quais, sob certas circunstâncias, o temperamento de um povo ou

---

[82] Nos séculos XV e XVI ocorreram surtos incontroláveis de dança, cujas causas não são conhecidas. São muitas as hipóteses, desde uma causa química ou biológica, até a dor causada pela peste negra. São Vito foi escolhido para auxiliar os acometidos, pois era conhecido por auxiliar epiléticos. Dede então esses surtos passaram a ter seu nome.

[83] A festa de São João Batista é celebrada no solstício de verão do hemisfério norte, e sua origem remonta às celebrações pagãs anteriores ao cristianismo, quando se comemorava a colheita.

de uma cidade (Genebra, Basileia) transforma-se, de uma vez por todas, em seu contrário; disso faz parte também a histeria das bruxas, algo semelhante ao sonambulismo (oito grandes surtos epidêmicos, só entre 1564 e 1605) —; encontramos também aqueles delírios em massa, de louvor à morte, cujo terrível grito "*evviva la morte*!" era ouvido por toda a Europa, interrompido por idiossincrasias ora voluptuosas, ora furiosamente destrutivas: a mesma alternância de afetos, com as mesmas intermitências e sobressaltos, ainda hoje é observada por toda parte, em todo caso onde a doutrina ascética do pecado consegue ser bem-sucedida. (A neurose religiosa *aparece* como uma forma da "má essência": não há dúvida disso. O que ela é? *Quaeritur.*[84]) Em resumo, assim é que o ideal ascético e seu culto sublime-moral, essa mais espirituosa, destemida e perigosa sistematização de todos os meios que conduzem ao excesso de sentimento sob a proteção dos propósitos sagrados, inscrevem-se de uma forma horrível e inesquecível em toda a história do ser humano; e infelizmente *não apenas* em sua história... Eu quase não saberia mencionar outra coisa que tivesse sido tão destrutiva à *saúde* e à força de uma raça, especialmente a dos europeus, quanto esse ideal; sem qualquer exagero, podemos chamá-lo *de fatalidade em si* na história da saúde do ser humano europeu. No máximo, poderíamos comparar sua influência a uma influência específica germânica: eu me

[84] Do latim, "isso é questionável".

refiro ao envenenamento da Europa pelo álcool, que até agora se manteve rigorosamente passo a passo com o predomínio político e racial dos germanos (onde eles inoculavam seu sangue, também inoculavam o vício). Como terceiro da fila, poderíamos mencionar a sífilis — *magno sed proxima intervallo.*[85]

22

O sacerdote ascético estragava a saúde anímica em todos os lugares em que conseguia obter o domínio, e consequentemente também estragou o *gosto in artibus et litteris*[86] — e ainda o estraga. "Consequentemente"? — Espero que simplesmente me confirmem isso; pelo menos, não quero ter de prová-lo primeiro. Uma única indicação: ela é, para o livro básico da literatura cristã, seu verdadeiro modelo, seu "livro em si". Ainda em meio ao esplendor greco-romano, que também era um esplendor dos livros, diante de um antigo mundo ainda não atrofiado e destruído, num tempo em que se podia ler alguns livros para cuja posse hoje daríamos metade da literatura em troca, a simplicidade e a vaidade dos agitadores cristãos — nós os chamamos de Pais da Igreja — já ousava decretar: "Nós também temos nossa literatura clássica, *não precisamos daquela dos gregos*" — e dizendo isso apontavam orgulhosos

[85] Do latim, "próximo, porém com um grande intervalo".
[86] Do latim, "nas artes e nas letras".

para livros de lendas, cartas de apóstolos e pequenos tratados apologéticos, mais ou menos como hoje o "exército da salvação"[87] inglês trava sua luta contra Shakespeare e outros "pagãos" , com uma literatura semelhante. Não amo o "*Novo* Testamento", já se pode adivinhar; sinto-me até meio intranquilo ao ficar sozinho, desse modo, com meu gosto em relação a essa obra tão estimada, superestimada (o gosto de dois milênios está *contra* mim): mas, de que adianta? "Eis-me aqui, não posso ser diferente", tenho coragem para assumir meu mau gosto. O *Antigo* Testamento — sim, é algo bem diferente: toda atenção diante do Antigo Testamento! Nele encontro grandes seres humanos, uma paisagem heroica e algo de muito raro na Terra, a incomparável ingenuidade do *coração forte*; e mais ainda, encontro um povo. Por outro lado, no Novo só encontro pequenas organizações em seitas, diversos rococós da alma, diversos floreios, coisas tortuosas, extravagantes, muita atmosfera de conventículos,[88] sem esquecer um eventual hálito de doçura bucólica, própria da época (e da província romana) e que não é judaica nem helenística. Humildade e presunção lado a lado: uma tagarelice do sentimento, que quase entorpece: passionalidade, nenhuma paixão;

---

[87] O exército da salvação foi fundado por William Booth, em 1865. Era uma sociedade religiosa de organização paramilitar que visava a levar conforto aos pobres e miseráveis da Londres do século XIX.

[88] Conventículo era uma reunião religiosa de pietistas, nos séculos XVII e XVIII, em que cada indivíduo tentava aprimorar sua fé por meio do amor ao próximo e o aprofundamento de sua devoção.

constrangedor jogo de gestos; no caso, visivelmente faltou a boa educação. Como se pode fazer tanto ruído com seus pequenos maus costumes, como o fazem esses homenzinhos devotos! Ninguém vai querer saber disso, muito menos Deus! Por último eles até querem ter a "coroa da vida eterna", toda essa gente pequena da província: para quê? por quê? — não se pode levar adiante tanta presunção. Um Pedro "imortal": quem *o* suportaria? Eles têm uma ambição que provoca risos: isso explica seu lado mais pessoal, suas bobagens, tristezas e preocupações de ociosos, como se o "em si" das coisas fosse obrigado a se preocupar com isso; e *eles* não se cansam de envolver o próprio Deus nas mínimas desolações em que mergulham. E esse constante tratamento mais íntimo com Deus, do pior mau gosto! Essa importunação judaica, e não apenas judaica, de Deus, com tanta agressividade!... Existem pequenos "povos pagãos" desdenhados no Leste da Ásia, dos quais esses primeiros cristãos poderiam ter aprendido algo essencial, ou seja, um pouco de *tato* respeitoso; como atestam os missionários cristãos, eles não se permitem, de jeito nenhum, colocar na boca o nome de seu Deus. Isso me parece bem delicado, mas o certo é que não é delicado demais apenas para os "primeiros" cristãos: só para sentirmos o contraste, lembremo-nos de Lutero, esse camponês da Alemanha, tão "eloquente" e presunçoso e no tom de voz luterano que justamente lhe agradava mais nos seus diálogos com Deus. A resistência de Lutero contra os santos intermediários da Igreja (especialmente contra o "*porco do demônio, o papa*") sem dúvida foi, em última análise, a resistência de um moleque que se aborreceu com a *boa etiqueta* da Igreja, aquela etiqueta de respeito do gosto hierático, que só permite o acesso dos mais iniciados e silenciosos ao que é mais sagrado, um acesso que permanece vedado aos moleques. Justamente neste caso estes últimos devem, de uma vez por todas, não ter a palavra — mas Lutero, o camponês, simplesmente quis que as coisas fossem de outro modo; para ele, tudo aquilo não era suficientemente *alemão*: ele quis, sobretudo, falar diretamente, ele quis falar com seu Deus pessoalmente, sem "constrangimentos"... Bem, ele o fez. — O ideal ascético, já imaginamos, nunca foi, em lugar algum, uma escola do bom gosto, menos ainda de boas maneiras — no melhor dos casos foi uma escola das maneiras hieráticas —: quer dizer, havia nele algo inerente que é mortalmente adverso a todas as boas maneiras — falta de moderação, má vontade para com a moderação, e é, ele mesmo, um "*non plus ultra*".[89]

23

O ideal ascético não estragou apenas a saúde e o gosto, estragou também uma terceira, quarta, quinta e sexta coisas — vou evitar mencionar tudo o que ele

---

[89] Do latim, "não vai adiante"; "não se supera".

estragou (senão, quando eu terminaria!). O que deve ser trazido à luz por mim, aqui, não é o que esse ideal *produziu*; porém muito mais o que ele *significa*, como se pode saber o que está escondido atrás dele, debaixo dele, dentro dele, do que ele é a expressão provisória, indistinta, sobrecarregada de pontos de interrogação e mal-entendidos. E só em relação a *esse* objetivo eu não pude deixar de dar aos meus leitores uma visão da imensidão de seus efeitos, inclusive de seus efeitos mais funestos; tudo isso para prepará-los para o último e mais terrível aspecto, que é para mim a questão do significado do seu ideal. O que significa *o poder* desse ideal, o seu *imenso poder*? Por que foi dado tanto espaço a ele, nessa escala? Por que não foi melhor opor-lhe uma resistência? O ideal ascético expressa uma vontade; mas onde esteve a vontade contrária, na qual se expressaria um ideal *antagônico*? O ideal ascético tem um objetivo — ele é suficientemente amplo para que todos os interesses da existência humana, comparados a ele, pareçam mesquinhos e estreitos; ele interpreta tempos, povos, pessoas, inexoravelmente na direção desse único objetivo, ele não deixa valer nenhuma outra interpretação, nenhum outro objetivo, ele só reprova, nega, confirma, constata no sentido de *sua* interpretação (— e será que existiu um dia um sistema de interpretação tão bem finalizado?); ele não se submete a nenhum poder, acredita muito mais na sua prerrogativa diante de todo poder, na sua incondicional distância hierárquica em relação a todo poder — ele acredita que não existe nenhum poder na

Terra que não obtenha dele primeiro um sentido, um direito de existir, um valor, como instrumento para *sua* obra, como caminho e meio para o *seu* objetivo, para *um* objetivo... Onde está a *contrapartida* a esse sistema fechado de vontade, objetivo e interpretação? Por que *não há uma* contrapartida?... Onde está o *outro* "único objetivo"?... Porém dizem-me que ele *não* está ausente, que ele não só combateu um longo e bem-sucedido combate contra aquele ideal, que, em todas as coisas mais importantes, ele até já firmou seu domínio sobre aquele ideal; toda nossa *ciência* moderna seria testemunha disso — essa ciência moderna que, como uma verdadeira filosofia da realidade, visivelmente só acredita em si mesma, visivelmente só possui a coragem para si, a vontade para si, e que até agora conseguiu passar bastante bem sem Deus, sem o além e sem as virtudes negadoras. Entretanto, mesmo com tanto ruído e tagarelice de agitadores eles não conseguem convencer-me: esses corneteiros da realidade são maus músicos, suas vozes suficientemente audíveis *não vêm* de uma certa profundidade, elas não representam a parte mais profunda da consciência científica — a palavra "ciência" nessas bocas dos corneteiros é simplesmente uma obscenidade, um abuso, uma falta de vergonha. A verdade é justamente o contrário do que é afirmado aqui; a ciência simplesmente não tem hoje *nenhuma* credulidade, muito menos um ideal *acima* de si mesma — e onde ela ainda é paixão, amor, ardor, *sofrimento*, *não* é o contrário desse ideal ascético, porém muito mais *sua forma mais recente e nobre.* Será que isso soa estranho a vocês?... Até mesmo entre os eruditos de hoje existe muito povo trabalhador, corajoso e sensato, que gosta de seu cantinho, porque o que lhe agrada nele é poder às vezes tornar-se um pouco insensato, e fazer um pouco de ruído, dizendo que hoje *devemos* sentir-nos satisfeitos, principalmente com a ciência — é que nela haveria muita coisa útil a se fazer. Não contesto; menos ainda quero estragar o prazer desses honestos trabalhadores com o seu ofício: pois alegro-me com seu trabalho. Apesar do fato de que agora se trabalha muito na ciência, e que existem trabalhadores satisfeitos, simplesmente *não* está provado que a ciência como um todo tenha um objetivo, uma vontade, um ideal, uma paixão própria da grande fé. No caso o que ocorre, por assim dizer, é justamente o contrário: onde ela não é a mais recente manifestação do ideal ascético — em casos muito raros, nobres, selecionados demais a ponto de a totalidade da avaliação poder ser invertida — a ciência é hoje um *esconderijo* para todo tipo de mau humor, descrédito, verme roedor, *despectio sui,*[90] consciência pesada — ela é a intranquilidade da própria *falta* de ideal, o sofrimento pela falta do grande amor, a insuficiência devida a uma suficiência involuntária. Oh, quanta coisa a ciência esconde hoje! Pelo menos, quanto ela *deve* esconder! O empenho de nossos melhores eruditos, seus esforços sem sentido, sua cabeça fumegando dia e noite, sua

---

[90] Veja a nota 69 do terceiro ensaio.

maestria no próprio ofício — quantas vezes tudo isso tinha seu verdadeiro sentido no fato de não deixar mais alguma coisa tornar-se clara para si mesmos! A ciência como meio de autoentorpecimento: *vocês conhecem isso?*... Nós os ferimos — todos que lidam com eruditos percebem isso — inclusive até o âmago, com uma palavra inofensiva, amargamos os amigos eruditos contra ela, no instante em que pretendemos honrá-la nós a colocamos fora dos eixos, só porque fomos grosseiros demais para adivinhar com quem na verdade estamos lidando, isto é, com *sofredores*, que não querem confessar a si mesmos o que são, estamos lidando com entorpecidos e insensatos, que só temem uma coisa: *tornarem-se conscientes*...

24

— E então, por outro lado, observemos aqueles casos raros, dos quais falei, dos últimos idealistas que existem hoje entre os filósofos e eruditos: será que eles são os procurados *opositores* do ideal ascético, seus *contraidealistas*? Na prática, eles *se acreditam* como tais, esses "descrentes" (pois é o que todos eles são); parece que ser opositor desse ideal é sua última fatia de crença, tão sérios eles são nesse ponto, tão apaixonados tornam-se seus gestos, tão apaixonadas suas palavras — será que por isso precisaria ser *verdadeiro* aquilo em que eles acreditam?... Nós, "conhecedores", somos desconfiados em relação a toda espécie de crente; em razão de nossa desconfiança fomos gradualmente nos acostumando a concluir o inverso do que antes se concluía: isso em todos os lugares onde a força de uma crença colocava-se muito em primeiro plano, para se concluir, em função de uma determinada fraqueza demonstrativa, uma *improbabilidade* em si do objeto da crença. Nós também não negamos que a crença nos "torne bem-aventurados"; *justamente por isso* negamos que a crença possa *provar* alguma coisa — uma crença forte, que traga a bem-aventurança, é uma suspeita contra aquilo em que ela acredita, ela não fundamenta a "verdade", ela fundamenta uma certa probabilidade — a do *engano*. Como ficam as coisas nesse caso? — Esses negadores e voluntariamente afastados de hoje, esses irredutíveis *numa coisa só*, na exigência de pureza intelectual, esses espíritos duros, rigorosos, castos, heroicos, que constituem a honra de nosso tempo, todos esses pálidos ateus, anticristos, imorais, niilistas, esses céticos, eféticos,[91] os que sofrem de consunção do espírito (isso, todos, em algum sentido), esses últimos idealistas do conhecimento, nos quais hoje está encarnada a consciência intelectual —, na prática eles se acreditam tão distantes quanto possível do ideal ascético, esses "espíritos livres, *muito* livres"; e mesmo quando eu lhes mostro o que eles mesmos não conseguem ver — pois estão perto demais —; esse ideal é justamente também o seu ideal, eles mesmos

[91] Efético é vacilante, hesitante; era a outra designação dos céticos gregos. Veja a nota 41 do terceiro ensaio.

revelam isso hoje e talvez ninguém mais, eles mesmos são seus produtos espiritualizados, tropa avançada de guerreiros e observadores, sua forma de sedução mais ardilosa, delicada, inconcebível — se eu for um decifrador de alguma coisa, quero sê-lo com *essa* frase!... Eles ainda não são, de longe, esses espíritos *livres*, pois *ainda acreditam na verdade*... Quando os cruzados cristãos no Oriente se encontraram com aquela ordem invencível de assassinos,[92] aquela ordem de livres-pensadores *par excellence*, cujos graus inferiores viviam numa obediência como a que nenhuma ordem monástica jamais alcançou, eles obtiveram, por um caminho qualquer, um sinal sobre aquele símbolo e palavra cifrada reservados exclusivamente ao grau mais elevado, seu *secretum*: "Nada é verdade, tudo é permitido"... Pois bem, *isso era liberdade* de espírito, *com isso* até mesmo a crença na verdade foi deixada de lado...

Será que alguma vez um europeu, um espírito livre cristão, confundiu-se com essa frase e suas *conclusões* labirínticas? Será que ele conhece o Minotauro[93]

---

[92] Hasan Ibn Sabbah (1034–1124) ou "O velho da montanha" foi um missionário nizarita (de Nizar, filho do califa Al-Mustansir) e fundou uma ordem secreta chamada de "assassinos", palavra que deriva do persa *hassasin*, que pode ter o significado de "sob efeito do haxixe" ou de "seguidor de Hasan". Eles perseguiam e matavam nobres e governantes muçulmanos, e também cristãos das Cruzadas.

[93] Na mitologia grega, o Minotauro era um monstro metade touro e metade ser humano. Ele vivia num labirinto na ilha de Creta, e exigia tributos de sacrifícios humanos. Teseu libertou o povo cretense desse pesado fardo.

dessa caverna *por experiência* própria?... Eu duvido disso, ou melhor, sei que é outra coisa — nada é mais estranho a irredutíveis apegados a uma única coisa, esses *assim chamados* "espíritos livres", do que a liberdade e a ausência de freios naquele espírito, em nenhum aspecto eles estão ligados com mais firmeza, justamente ao acreditar na verdade eles são, como ninguém, mais firmes e incondicionais. Conheço tudo isso talvez até demais, bem de perto: essa contenção dos filósofos digna de admiração, à qual esse tipo de crença os obriga, esse estoicismo do intelecto, que proíbe o não de uma forma tão rígida quanto o sim, esse "*querer* ficar parado" diante da realidade, do *factum brutum,*[94] esse fatalismo dos "*petits faits*"[95] (*ce petit faitalisme,*[96] como eu o chamo) em que a ciência francesa agora busca uma espécie de primazia moral diante da alemã, aquela abdicação à interpretação em geral (violação, ordenação, abreviação, omissão, preenchimento, adensamento, falseamento e o que mais for parte da *essência* de todo ato de interpretar). Da mesma forma isso também expressa, no geral, o bom ascetismo da virtude, como alguma negação da sensualidade (basicamente é apenas um *modus* dessa negação). Mas o que *obriga* a ela, a essa incondicional vontade da verdade, é *a crença no próprio ideal ascético*, mesmo que na forma de seu imperativo inconsciente,

---

[94] Do latim, "fato bruto".

[95] Do francês, "pequenos fatos".

[96] Do francês, "pequeno factalismo"; trocadilho que Nietzsche faz entre as palavras "factualismo" e "fatalismo".

não nos iludamos com isso — é a crença num valor *metafísico,* num *valor em si da verdade*, tal como é garantido e documentado apenas nesse ideal (ele fica em pé e cai com esse ideal). Numa avaliação rigorosa, não há nenhuma ciência "incondicional", essa ideia é impensável, paralógica: uma filosofia, uma "crença" precisa sempre estar ali antes, para que, a partir dela, a ciência obtenha uma direção, um sentido, um limite, um método, *um direito* à existência. (Quem entender o contrário, quem, por exemplo, se dispuser a colocar a filosofia "em rígidas bases científicas" precisará antes colocar a própria verdade de *cabeça para baixo*, a mais grave quebra de decoro que pode existir em relação a duas tão respeitáveis mulherzinhas!) Sim, não há dúvida — e aqui permito que a minha *Gaia ciência* assuma a palavra — veja o seu quinto livro, página 344, item 344:[97] "O verdadeiro, nesse sentido mais definitivo e audaz, tal como o pressupõe a crença na ciência, *afirma um outro mundo* além daquele da vida, da natureza e da história; e à medida que ele afirma esse 'outro mundo', como? Ele não deveria então renegar sua contrapartida, este mundo, nosso mundo?... Ainda é uma *crença metafísica*, aquela sobre a qual repousa nossa crença na ciência — inclusive nós, conhecedores de hoje, nós, ateus e antimetafísicos, nós também ainda tomamos *nosso* fogo daquela fogueira acesa pela crença de um milênio de idade, aquela crença cristã

[97] *A Gaia Ciência*, Friedrich Nietzsche, tradução de Inês Antonia Lohbauer, Editora Martin Claret, São Paulo, 2016.

que foi também a crença de Platão, de que Deus é a verdade, de que a verdade é divina... Mas como, se justamente isso torna-se cada vez mais inacreditável, se nada mais se revela como divino, seja o engano, a cegueira, a mentira — se o próprio Deus revela ser nossa mais *longa mentira*?" — Nesse ponto é preciso parar e refletir muito. A própria ciência *precisa* de uma justificativa (quando nem mesmo se pode dizer que existe uma para ela). Vamos examinar, a respeito dessa pergunta, as mais antigas e as mais novas filosofias: em todas elas falta uma consciência do quanto a própria vontade à verdade precisa, antes de tudo, de uma justificativa — aqui há uma lacuna em todas as filosofias — de onde vem isso? É porque o ideal ascético até agora dominou toda filosofia, porque a verdade, como Ser, como Deus, foi colocada como instância superior, porque nunca se *permitiu* que a verdade fosse um problema. Será que entendemos esse "nunca se permitiu"? — A partir do momento em que o Deus do ideal ascético é renegado, *surge também outro problema*: o do *valor* da verdade. — A vontade da verdade precisa de uma crítica — com isso vamos determinar nossa própria tarefa —, o valor da verdade deve ser questionada, experimentalmente, o valor da verdade... (Se isso parece ter sido dito muito resumidamente, aconselho o leitor a ler aquele parágrafo da *Gaia ciência* com o título: "Até que ponto ainda somos devotos" (5º livro, seção 344), e de preferência todo o quinto livro da obra citada, inclusive o prefácio à *Aurora*.)

25

Não! Não me venham com a ciência, quando procuro os antagonistas naturais do ideal ascético, quando pergunto: "Onde está a vontade de oposição, na qual se expressa seu *ideal oposicionista*? Falta muito para que a ciência esteja suficientemente autônoma para isso, ela precisa primeiro, sob todos os aspectos, de um ideal de valores, um poder criador de valores, a cujo *serviço* ela *possa acreditar* em si mesma — ela mesma nunca é criadora de valores. Sua relação com o ideal ascético ainda não é, de modo algum, antagonista; ela até reproduz, principalmente, a força do avanço em sua configuração interna. Numa análise mais refinada, seu antagonismo e seu combate não se referem ao ideal em si, mas apenas às suas obras externas, sua roupagem, seu jogo de máscaras, ao seu endurecimento temporário, sua fossilização, dogmatização[98] — volta a libertar a vida nele, renegando o que ele possui de exotérico. Ambos, ciência e ideal ascético, estão sobre um único solo — já dei a entender isso —: ou seja, sobre a mesma superestimação da verdade (ou melhor: sobre a mesma crença na impossibilidade de desvalorização, e impossibilidade de crítica da verdade), e justamente com isso eles são *necessariamente* aliados. Assim, se forem combatidos, que possam sempre ser combatidos

---

[98] Do alemão *Verdogmatizierung*. Basicamente seria "dogmatização", ou seja, algo que se torna um dogma, um princípio de fé que não é mais passível de ser comprovado.

e questionados juntos. Uma subestimação do valor do ideal ascético puxa atrás de si, inevitavelmente, também uma subestimação da ciência: para isso, devemos de vez em quando abrir os olhos e apurar os ouvidos! (A *arte* — diga-se de passagem, pois em algum momento voltarei a isso mais longamente —, a arte, na qual justamente *a mentira* se santifica, a *vontade de ilusão,* que tem a consciência leve ao seu lado, é sistematicamente muito mais contrária ao ideal ascético do que a ciência: foi o que captou o instinto de Platão, esse maior inimigo da arte que a Europa até agora produziu. Platão *contra* Homero: esse é o antagonismo inteiro, autêntico — ali o mais disposto "adepto do além", o grande caluniador da vida, e aqui, o seu divinizador involuntário, a natureza *dourada*. Por isso uma servidão de artista a serviço do ideal ascético é a mais verdadeira *corrupção* do artista que pode existir, infelizmente uma das mais comuns: pois nada é mais corruptível do que um artista.) Inclusive numa avaliação fisiológica, a ciência repousa no mesmo solo que o ideal ascético; tanto aqui quanto ali, o pressuposto é um certo *empobrecimento da vida* — os afetos esfriaram, o ritmo ficou mais lento, a dialética no lugar do instinto, a *seriedade* estampada nos rostos e gestos (a seriedade, esse inequívoco sinal de um maior esforço do metabolismo, da vida trabalhando mais duro, lutando mais). Observemos os tempos de um povo em que o erudito avançou ao primeiro plano: são tempos de cansaço, muitas vezes de entardecer, de ocaso — a força transbordante, a certeza da vida, a certeza do *futuro* já se foram. O predomínio do mandarim nunca representa algo de bom: tampouco a escalada da democracia, o tribunal da paz em vez das guerras, a igualdade de direitos da mulher, a religião da compaixão e o que mais existe como sintomas da vida em queda. (A ciência entendida como problema; o que significa ciência? — veja a respeito disso o prefácio ao *Nascimento da tragédia*.) — Não! Essa "ciência moderna" — abram os olhos! — é por enquanto a *melhor* aliada do ideal ascético, e justamente porque é a mais inconsciente, mais involuntária, mais secreta e subterrânea! Até agora eles jogaram *o mesmo* jogo, os "pobres de espírito"[99] e os opositores científicos desse ideal (devemos evitar, diga-se de passagem, pensar que eles sejam seu contrário, como, por exemplo, os *ricos* de espírito: — isso eles *não* são, eu os chamei de céticos do espírito). Essas famosas *vitórias* desses últimos: indubitavelmente são vitórias — mas sobre o quê? O ideal ascético não foi, de jeito nenhum, derrotado por eles, até tornou-se mais forte, mais inconcebível, espiritual, insidioso, e, sempre que se construía um muro a mais, uma obra externa nele, deixando seu aspecto mais grosseiro, a ciência atacava-o afastando-o cada vez mais, sem piedade. Na prática, dizem que a decadência da astronomia teológica[100] representa

---

[99] Mateus 5:3.

[100] Na Idade Média a astronomia teológica é a visão de mundo de Ptolomeu, em que a Terra era o centro do universo. Esta era a versão aceita pela Igreja.

uma decadência desse ideal... Será que assim, desde então, o ser humano não precisou tanto de uma solução vinda do além, para o enigma da sua existência, no momento em que essa existência, no momento em que essa existência passou a se mostrar mais aleatória, ociosa, dispensável, na ordem visível das coisas? Será que justamente a autodiminuição do ser humano, sua vontade de diminuir desde Copérnico,[101] não estaria progredindo ininterruptamente? Oh, a crença de ser digno, único, insubstituível na ordem hierárquica dos seres já se foi — ele se tornou animal, um animal, sem similar, cópia ou reserva, ele, que em sua antiga crença quase foi Deus ("Filho de Deus", "Homem Deus")... Desde Copérnico o ser humano parece ter ido parar num plano inclinado — ele rola cada vez mais rápido afastando-se do ponto central — para onde? Para o nada? Ao sentimento *lancinante* de seu nada?... Pois bem! Justamente esse seria o caminho mais direto — ao *antigo* ideal?... Toda ciência (e de modo algum apenas a astronomia, sobre a qual Kant fez uma declaração digna de nota, a respeito de seu efeito humilhante e deprimente: "Ela elimina minha importância"...), toda ciência, tanto a natural quanto a não natural — é assim que chamo a autocrítica do conhecimento — empenha-se hoje em dissuadir o ser humano da atenção que ele deu a si mesmo até hoje, como se ela não tivesse sido nada além de uma

---

[101] Nicolau Copérnico (1473–1543), astrônomo italiano, defendeu a teoria do heliocentrismo, isto é, o sol como centro do universo, contestando a ideia anterior de Ptolomeu.

bizarra presunção; poderíamos até dizer que a ciência possui seu orgulho próprio, sua própria forma áspera de ataraxia estoica, em manter esse autodesprezo do ser humano arduamente conquistado, como a última e mais séria exigência de atenção sobre si mesmo (com razão, na prática, pois quem despreza é sempre alguém que "ainda não deixou de saber como dar atenção"...). Será que com isso se trabalha *contrariamente* ao ideal ascético? Será que realmente imaginamos seriamente (como os teólogos imaginaram, por algum tempo) que a vitória de Kant sobre a dogmática dos conceitos teológicos ("Deus", "alma", "liberdade", "imortalidade") teria prejudicado esse ideal? — Por enquanto não nos diz respeito, se o próprio Kant tinha a intenção de fazer algo semelhante. O certo é que todos os tipos de transcendentalistas desde Kant já ganharam o jogo novamente — eles foram emancipados pelos teólogos: que sorte! — Ele revelou a eles o caminho secreto sobre o qual poderiam, daí em diante, perseguir os "desejos do coração", por conta própria e com a melhor decência científica. Do mesmo modo: quem poderia levar a mal os agnósticos, se, como veneradores do desconhecido e do misterioso, eles orassem para o *ponto de interrogação*, como agora oram para o próprio Deus? (Xaver Doudan[102] fala dos *ravages,*[103] provocados *"l'habitude d'admirer*

---

[102] Xaver Doudan, na verdade Ximénès Doudan (1800-1882), foi um escritor e político francês, conselheiro político do Duque Victor de Broglie.

[103] Do francês, "devastações".

l´inintelligible au lieu de rester tout simplement dans l´inconnu";[104] ele quis dizer que os antigos não precisavam disso.) Supondo-se que tudo o que o ser humano "reconhece" não satisfaz os seus desejos, na verdade os contradiz, então a evasiva divina, a culpa disso, não pode ser procurada nos "desejos", mas no "conhecimento"!... "Não existe o conhecimento: *portanto* — existe um Deus": que nova *elegantia syllogismi*![105] Que *triunfo* do ideal ascético! —

26

— Ou será que toda a moderna historiografia mostrava uma postura de vida mais certa, de um ideal mais certo? Sua exigência mais nobre agora é *ser espelho*; ela recusa toda teleologia; não quer mais "provar" nada; recusa-se a representar o juiz, e nisso possui seu bom gosto — não afirma nem nega, ela constata, "descreve"... Tudo isso é ascético, em alto grau; mas ao mesmo tempo, num grau mais elevado ainda, é niilista, não devemos iludir-nos a esse respeito! Vemos um olhar triste, duro, mas decidido — um olhar que mira longe, como mira um viajante solitário no Polo Norte

[104] Do francês, "o hábito de admirar o incompreensível em vez de simplesmente permanecer no desconhecido".

[105] Do latim, "elegância do silogismo". O silogismo é um raciocínio formado de três proposições: a primeira, chamada de premissa maior; a segunda, premissa menor; e a terceira, conclusão. Admitidas as premissas, a conclusão se infere da maior por intermédio da menor.

(talvez, para não olhar para dentro? Para não olhar para trás?...). Aqui há neve, aqui a vida emudeceu; as últimas gralhas que fazem barulho por aqui gritam "Para quê?", "Em vão!", "Nada!". — Aqui não viceja nem nasce coisa alguma, no máximo uma metapolítica de Petersburgo[106] e uma "compaixão" tolstoiana.[107] Mas quanto a essa outra espécie de historiadores, uma espécie talvez mais "moderna" ainda, uma espécie desfrutadora, lasciva, que namora com a vida tanto quanto com o ideal ascético, que usa a palavra "artista" como uma luva e hoje assumiu totalmente para si o elogio da contemplação: oh, quanta ânsia de ascetas e paisagens esses doces ricos de espírito despertam! Não! Que o diabo carregue esse povo "contemplativo"! E eu preferiria caminhar com esses niilistas históricos pela neblina turva, cinzenta e fria — sim, eu não me importaria, supondo que precisasse escolher até mesmo dar ouvidos a um não histórico, anti-histórico bem peculiar (como esse Dühring,[108] com cujos sons, na Alemanha de hoje, embriaga-se uma espécie mais tímida, ainda inconfessável de "belas almas", a *species anarchistica*[109] dentro do proletariado culto). Cem

---

[106] É a recuperação do conceito metafísico da política. No século XIX surgiram na Rússia diversos movimentos políticos justificados por uma consciência de missão, que alegavam motivos culturais, étnicos e religiosos para uma pan-eslavização.

[107] O Conde Leon Nikoláievich Tolstói (1828–1910) foi um escritor russo, que aderiu à fé cristã heterodoxa em 1882, e a um estilo de vida frugal, próximo ao povo. Entre seus romances mais famosos estão *Ana Karênina* e *Guerra e paz*.

[108] Ver nota 26 do segundo ensaio.

[109] Do latim, "espécie anarquista".

vezes piores são os "contemplativos" —: eu não saberia dizer o que me daria mais nojo do que uma "poltrona objetiva" como essa, um desfrutador perfumado como esse, diante da história, meio padreco, meio sátiro, perfumado Renan,[110] que com o agudo falsete de sua aprovação revela o que sai dele, de *onde* sai, *onde* nesse caso as Parcas[111] manipularam sua terrível tesoura, oh, tão cirurgicamente! Isso é contra meu gosto, e também contra a paciência: nesses aspectos deve manter a paciência aquele que não tiver nada a perder com ela — eu fico enfurecido com um aspecto como esse, esses "espectadores" azedam-me contra o "espetáculo", mais ainda do que o espetáculo (a própria história, entendam-me), de repente aparecem-me humores anacreônticos. Essa mesma natureza que deu chifres ao touro, ao leão, χάσμ' ὀδόντων,[112] para que me deu o pé?... Para pisar, pelo santo Anacreonte.[113] E não apenas para fugir: para pisotear as poltronas podres, a covarde contemplação, o viciado reino dos eunucos

---

[110] Ernest Renan (1823–1892), cientista francês da religião, tentou estabelecer a síntese da doutrina cristã e a interpretação histórica da vida de Jesus.

[111] Segundo a mitologia, as Parcas (ou Moiras) eram três deusas que fiavam, dobavam e cortavam o fio da vida. Seus nomes eram Cloto, Láquesis e Átropos.

[112] Do grego, "abismo de dentes". A frase "deu chifres ao touro e um abismo de dentes ao leão" é de uma das odes de Anacreonte.

[113] Anacreonte (563–478 a.C.) foi um poeta grego que cantava as musas, o amor e o deus Dioniso, em suas "odes anacreônticas", que perduraram por toda a Antiguidade, a Idade Média e chegaram aos nossos dias.

diante da história, o namoro com o ideal ascético, a hipócrita equanimidade da impotência! Todo meu respeito ao ideal ascético, *enquanto ele for sincero*! Enquanto ele acreditar em si mesmo e não nos fizer nenhuma gracinha! Mas eu não gosto de todos esses piolhos coquetes, que têm uma ambição insaciável em farejar pelo infinito, até que finalmente o infinito comece a ter um cheiro de piolho; não gosto dos túmulos muito caiados, que pretendem representar a vida; não gosto dos cansados e exauridos que se embrulham em sabedoria e olham "objetivamente"; não gosto dos agitadores enfeitados de heróis, que usam um ideal como capuz de invisibilidade sobre a cabeça de feixe de palha; não gosto dos artistas cobiçosos, que querem ser como os ascetas e sacerdotes e basicamente são apenas trágicos palhaços; também não gosto desses mais novos especuladores do idealismo, os antissemitas, que hoje reviram seus olhos de um jeito cristão-ariano--pequeno-burguês, e por meio do abuso, que esgota qualquer paciência, de um bem retocado meio de agitação, das atitudes da moral, procuram agitar todos os elementos mais ignorantes do povo (— o fato de *todo* tipo de espiritualização fraudulenta na Alemanha de hoje não deixar de ser bem-sucedido, tem relação com o sucessivo, já inegável e palpável, *atrofiamento* crescente do espírito alemão, cuja causa eu identifico numa dieta bastante exclusiva de jornais, política, cerveja e música wagneriana; somando-se o que o pressuposto para essa dieta produz: a prisão de ventre e a vaidade nacionais, o forte porém estreito princípio "Alemanha, Alemanha sobre tudo,"[114] mas também a *paralysis agitans*[115] das "ideias modernas"). A Europa é hoje rica e inventiva principalmente em meios de estimulação, ela parece não precisar de nada além de estimulantes e aguardentes; daí também a imensa falsificação em ideais, essas águas mais ardentes do espírito, daí também o ar adverso, malcheiroso, mentiroso, pseudoalcoólico em todos os lugares Eu só gostaria de saber quantas cargas de navio de um idealismo imitado, de fantasias de heróis e matracas de grandes palavras, quantas toneladas de compaixão espirituosa açucarada (nome comercial: *La religion de la souffrance*[116]), quantas pernas de pau de "nobre indignação" para auxiliar os pés chatos espirituais, quantos *comediantes* do ideal moral cristão deveriam ser exportados hoje da Europa para que seu ar voltasse a ser mais puro... Evidentemente em relação a essa superprodução abre-se uma nova possibilidade de *comércio*, evidentemente podem ser feitos novos "negócios" com pequenos ídolos do ideal e respectivos "idealistas" — não deixemos de ouvir esse barulhão! Quem tem coragem suficiente para isso? — Está em nossas *mãos* "idealizar" a Terra inteira!... Mas o que estou dizendo, sobre a coragem: aqui só uma coisa é necessária, justamente a mão, a mão despojada, muito despojada...

---

[114] Essa primeira linha faz parte do hino nacional da Alemanha, baseado em letra do poeta e historiador August Heinrich Hoffmann von Fallersleben (1798–1874).

[115] Do latim, "paralisia convulsiva".

[116] Do francês, "a religião do sofrimento".

27

— Basta! Basta! Vamos deixar de lado essas curiosidades e complexidades do espírito moderno, nelas há tanto para rir quanto para aborrecer: justamente o nosso problema pode dispensá-las, o problema do *significado* do ideal ascético — o que ele tem a ver com ontem e hoje! Essas coisas deverão ser tratadas por mim em outro contexto, de forma mais sólida e profunda (sob o título de "A história do niilismo europeu"; indico para isso uma obra que estou preparando: A *vontade de poder. Tentativa de transvaloração de todos os valores*). No que me concerne, indiquei isso pelo seguinte: o ideal ascético ainda possui, na esfera espiritual, apenas *uma* espécie de inimigo que pode *prejudicá-lo*: são os comediantes desse ideal — pois despertam a desconfiança. Em todos os outros lugares em que o espírito hoje está operante, forte, poderoso e sem falsificações, ele não precisa de nenhum ideal — a expressão popular para essa abstinência é "ateísmo" —: *descontada sua vontade à verdade*. Mas, se quiserem acreditar em mim, essa vontade, esse *resto* de ideal, é esse mesmo ideal na sua formulação mais rigorosa, espiritual, totalmente esotérico, despido de toda obra externa, não tanto resto, porém mais *núcleo*. O ateísmo absoluto, correto (— e nós respiramos o *seu* ar, nós, as pessoas mais espirituais desta era!), *não* está em contraposição a esse ideal, como parece; ele é muito mais uma de suas últimas fases de desenvolvimento, uma de suas formas finais e consequências internas —

ele é a assustadora *catástrofe* exigindo respeito, de um cultivo de dois mil anos à verdade, que no final proíbe *a mentira na crença em Deus.* (O mesmo desenvolvimento na Índia, na mais completa independência, e por isso provando algo; o mesmo ideal obrigando a uma conclusão igual; o ponto decisivo alcançado cinco séculos antes da contagem europeia do tempo, mais exatamente, com Buda: já com a filosofia Sankhyam,[117] esta depois popularizada por Buda e transformada em religião.) O que, perguntando-se com todo rigor, na verdade *venceu* sobre o Deus cristão? A resposta está na minha *Gaia ciência*, quinto livro, item 357, p. 377:[118] "a própria moralidade cristã, o conceito cada vez mais rigorosamente considerado da verdade, o refinamento de confessores da consciência cristã, traduzido e sublimado, a qualquer preço, à consciência científica, à pureza intelectual. Observar a natureza como se ela fosse uma prova da bondade e da proteção de um Deus; interpretar a história em honra de uma razão divina, como testemunho constante de uma ordem mundial moral e de propósitos finais morais; interpretar as próprias vivências, tal como as pessoas devotas interpretaram por muito tempo, como se toda circunstância, todo aceno, tudo fosse pensado e enviado por amor à cura da alma: isso já *passou*, tem a consciência *contra* si, para todas as consciências

---

[117] Uma das mais antigas escrituras (800–550 a.C.) no âmbito da filosofia bramânica.

[118] *A Gaia Ciência*, Friedrich Nietzche, tradução de Inês A. Lohbauer, Editora Martin Claret, 2016.

mais refinadas isso é indecente, insincero, é mentira, afeminação, fraqueza, covardia — com esse rigor, entretanto, é que somos *bons europeus* e herdeiros da mais longa e corajosa autossuperação da Europa"... Todas as grandes coisas afundam por si mesmas, por meio de um ato de autoanulação: é o que quer a lei da vida, a lei da necessária "autossuperação" na essência da vida — no final, o próprio legislador sempre clama: "*patere legem, quam ipse tulisti*".[119] Dessa forma, *como dogma*, o cristianismo afundou em sua própria moral; dessa forma também o cristianismo ainda afundará, *como moral* — estamos no umbral *desse* acontecimento. Depois que a verdade cristã extraiu uma conclusão após a outra, no final ela extrai sua mais *forte conclusão*, a conclusão contra si mesma; mas isso acontece quando ela formula a pergunta: "*O que significa toda vontade de verdade*?"... E aqui eu toco novamente no meu problema, no nosso problema, meus amigos *desconhecidos* (— pois ainda *não sei* de nenhum amigo): que sentido teria todo o nosso ser, senão aquele, da vontade de verdade, que teria vindo ela mesma à consciência *como problema* em nós?... Não há dúvida de que nesse "tornar-se consciente da vontade de verdade" é que, dali em diante — a moral afunda; esse grande espetáculo em cem atos, reservados à Europa nos dois séculos seguintes, o mais questionável e também mais esperançoso de todos os espetáculos...

---

[119] Do latim, "tolere a lei que você mesmo promulgou".

28

Se passarmos os olhos pelo ideal ascético veremos que o ser humano, o animal ser humano, até agora não teve sentido algum. Sua existência na Terra não possuía um objetivo; "para que o ser humano, afinal?" — era uma pergunta sem resposta; faltava a *vontade* para ser humano e Terra; por trás de cada grande destino humano soava, como um refrão, um "em vão!" ainda maior. É *isso* que significa o ideal ascético: *faltava* algo, uma imensa lacuna cercava o ser humano — ele não sabia como se justificar, como se explicar, como se afirmar, ele sofria com o problema do seu sentido. Ele também sofria além disso, ele era, principalmente, um animal *doentio*: mas seu problema não era o sofrimento em si, mas a falta da resposta ao grito da pergunta "*para que sofrer?*". O ser humano, o animal mais corajoso e acostumado a sofrer, *não* nega em si o sofrimento; ele o *quer*, ele mesmo o busca, pressupondo-se que lhe mostremos um *sentido* para ele, um "*para quê*" do sofrimento. A maldição disseminada até hoje pela humanidade foi a falta de sentido do sofrimento, e não o sofrimento — e *o ideal ascético deu-lhe um sentido*! Foi até agora o único sentido; qualquer sentido é melhor do que nenhum sentido; em todos os aspectos, o ideal ascético foi o "*faute de mieux*"[120] *par excellence* que houve até hoje. Nele o sofrimento

---

[120] Do francês, "na falta de melhor".

era *explicado*; o imenso vazio parecia preenchido; a porta se fechou diante de todo niilismo suicida. Não há dúvida de que a explicação trouxe um novo sofrimento consigo, mais profundo, interno, venenoso, que corroía a vida; colocou todo sofrimento sob a perspectiva da culpa... Mas apesar de tudo isso — o ser humano estava *salvo,* ele tinha um sentido, dali em diante ele não foi mais como uma folha ao vento, um brinquedo da insensatez, do "sem-sentido", dali em diante ele pôde querer algo — tanto faz se para onde, para o quê, com o quê ele quis esse algo: a *própria vontade estava salva.* Mas simplesmente não podemos omitir o que na verdade expressa todo esse querer, que obteve seu rumo a partir do ideal ascético: esse ódio pelo humano, mais ainda pelo que é animal, e mais ainda pelo que é material, essa repulsa pelos sentidos, pela razão em si, o medo da felicidade e da beleza, essa exigência para além de toda aparência, mudança, vir a ser, morte, desejo, exigência em si — tudo isso significa, vamos ousar entender isso, uma *vontade ao nada*, uma aversão à vida, uma contrariedade em relação aos mais básicos pressupostos da vida — no entanto, ela é e continua sendo uma *vontade*!... E, só para dizer, no final, o que eu disse no início: o ser humano prefere querer *o nada* a *não* querer...